Impressum:

Texte: David Depenau (teilw. Hrsg.)
Verlag: David Depenau, Boeckhstr. 34, 76137 Karlsruhe
Alle Rechte beim Autor. Nachdruck, auch auszugsweise, nur mit
vorheriger schriftlicher Genehmigung des Autors.
Titelbild: Hotel-Restaurant Erbprinz, Ettlingen, 1904
Druck: libri Books Hamburg
ISBN: 3-8311-0721-1
1. Auflage 2000

Für Nana und Neele

Vorwort

Als ich an Weihnachten vergangenen Jahres in einem Buch über die Alb auf einige alte Übernamen der Karlsruher Stadtteile stieß, weckte dies meine Neugier auf deren Bedeutung und Entstehungsgeschichte. In den letzten Jahrhunderten bedachten sich die Einwohner unserer Gegend gegenseitig mit Spitznamen, die auf besonderen Begebenheiten beruhten und die für die Betroffenen über die Zeit zu einem festen Beinamen wurden. Leider existiert bis heute meines Wissens bis auf vereinzelte Erwähnungen in Ortschroniken keine zusammenfassende Ausarbeitung über diese alten Necknamen der Ortsteile Karlsruhes und der Dörfer der an Karlsruhe angrenzenden Gemeinden.

Die vorliegende Ausarbeitung möchte diesem Notstand ein Ende bereiten und die alten Namen, die heute, wenn überhaupt, nur noch den alten Einwohnern bekannt sind, vor dem Vergessen retten. Weiter soll sie jungen Einheimischen und Zugezogenen beim Lesen der Anekdoten ein Stück Karlsruher und Badischer Geschichte vermitteln.

Da ich bei der Erstellung dieser Schrift mangels vorhandener Aufzeichnungen auf viele mündliche Berichte angewiesen war, kann es zu Variationen mit dem Leser bereits bekannten Überlieferungen kommen.

Teile dieser Ausarbeitung aus dem Bereich der Entstehung der Ortsnamen wurden aus der in Anhang aufgeführten Literatur ohne gesonderte Kennzeichnung übernommen.

Für weiterführende oder ergänzende Literaturhinweise bzw. Texte, aus denen die Entstehung der Übernamen hervorgehen, bin ich jederzeit dankbar.

In Erinnerung an Frau Charlotte Eggarter, die mit der Anlaß war, daß dieses Buch entstanden ist, die aber das Erscheinen dieses Buches leider nicht mehr erleben durfte.

Karlsruhe, im September 2000

David Depenau

KARLSRUHE

Leopoldshofen
Eggenstein
Spöck
Friedrichstal
Staffort
Stutensee
Blankenloch
Weingarten
Berghausen
Pfinztal
Wöschbach
Söllingen
Kleinsteisbach
Forchheim
Neuburgweier
Mörsch
Rheinstetten
Ettlingen
Bruch-hausen
Mutschelbach
Busenbach
Reichenbach
Ettlingenweier
Waldbronn
Auerbach
Oberweier
Spessart
Langensteinbach
Schluttenbach
Etzenrot
Spielberg
Schöllbronn
Karlsbad
Ittersbach

Inhaltsverzeichnis

Karlsruhe

Eggenstein-Leopoldshafen

Stutensee

Weingarten

Pfinztal

Karlsbad

Waldbronn

Ettlingen

Rheinstetten

13

Karlsruhe

Karlsruhe "Brigande"

Bereits im 2. Jahrtausend v. Chr. belegen Grabungsfunde bronzezeitliche Siedlungen auf der heutigen Stadtgemarkung Karlsruhes. Um 400 - 113 v. Chr. gibt es Niederlassungen der Kelten in verschiedenen Bereichen des heutigen Stadtgebiets. Im 1. und 2. Jahrhundert befinden sich dort römische Standlager und Niederlassungen. Im 3. Jahrhundert erfolgt die Besiedlung durch Alemannen, die um 500 von den Franken verdrängt werden.

Die Stadtgründung durch Markgraf Karl-Wilhelm erfolgte mit der Grundsteinlegung für den Schloßturm am 17. Juni 1715. 1717 bereits fand die Verlegung der Residenz von Durlach nach Karlsruhe statt. 1756 erscheint die erste Karlsruher Zeitung.

Der Erbanfall der Markgrafschaft Baden-Baden vergrößert im Jahre 1771 die Markgrafschaft Baden-Durlach. 1797 beginnt Friedrich Weinbrenner mit der Planung und Errichtung zahlreicher stadtbildprägender Gebäude und Platzanlagen. 1806 wird Karlsruhe Landeshauptstadt des Großherzogtums Baden.

1817 erfolgt der Beginn der Rheinregulierung bei Knielingen. Die Eröffnung des Ständehauses, des ersten deutschen Parlamentbaus, findet 1822 statt.

1823 Errichtung der Pyramide über der Grabstätte des Stadtgründers auf dem Marktplatz. Damit wird Karlsruhe, wie ursprünglich geplant, zur letzten Ruhestätte des Stadtgründers Karl-Wilhelms: Carols-Ruhe.

Die Entstehung des Übernamens der Karlsruher fällt eben in diese Zeit der Stadtgründung:
"Brigantis" nannten die ersten Bürger der Stadt Karlsruhe spöttisch die von Markgraf Karl-Wilhelm im Jahre 1715 aus Kalabrien geholten Gastarbeiter, welche am Bau des Schlosses mitwirkten. Dies bedeutet soviel wie Räuber oder Spitzbube. Man siedelte diese Bürger damals außerhalb der Stadt im sogenannten "Dörfle" an, der heute völlig verschwundenen Altstadt im Dreieck zwischen Kaiser- und Kapellenstraße sowie der durch den Umbau neu entstandenen Fritz-Erler-Straße. Aufgrund

der Herkunft der ersten Karlsruher „Gastarbeiter" wurde die Altstadt auch lange Zeit Klein-Kalabrien genannt.

Nach dem alten badischen Wörterbuch aus dem 19. Jahrhundert sind Brigande gefährliche, zigeunerartige Lausbuben oder schlecht angezogene Karlsruher Jungen.

Heute tragen alle Karlsruher diesen Übernamen gemeinsam.

Karlsruhe-Altstadt "Dörflesbrüder"

Schon während der Errichtung des Karlsruher Schlosses im Jahre 1715 und dem Anlegen erster strahlenförmiger Wege entstanden für die Bauarbeiter in der Nähe der heutigen Universität Wohnquartiere. Als ältester Stadtteil Karlsruhes, sogar noch vor dem Schloß entstanden, trägt die Altstadt ihren Namen zurecht. Früher auch Klein-Karlsruhe genannt, wurde der Ort schließlich 1812 eingemeindet. Durch städtebauliche Maßnahmen in den Jahren 1961 bis 1970 wurde die alte Bausubstanz fast vollständig vernichtet; der Bereich des alten "Dörfles" ist heute nicht mehr als Altstadt zu erkennen.

Die Entstehung des Übernamens der heute völlig verschwundenen Altstadt fällt ebenfalls in die Zeit der Stadtgründung Karlsruhes:

Wie schon erwähnt, nannten die ersten Bürger der Stadt Karlsruhe die Bauarbeiter, welche am Bau des Schlosses mitwirkten, spöttisch "Brigantis", was soviel wie Räuber oder Spitzbube bedeutet. Man siedelte die im Jahre 1715 aus Kalabrien geholten Gastarbeiter, die am Schloßbau mitwirkten, damals außerhalb der Stadt im sogenannten "Dörfle", an. Nach und nach wurde die noch junge Residenzstadt von wohlhabenden Bürgern besiedelt. Weniger Wohlhabende, die nicht über ein Minimum an Finanzen verfügten, durften nicht in den Stadtbereich, sondern mußten mit dem damals vor den Stadtmauern liegenden "Dörfle" vorlieb nehmen.

So ergab sich in diesem Bereich der Stadt im Laufe der Zeit eine Konzentration von Bürgern niedrigerer sozialer Schichten, die Prostitution florierte und fand damals fast ausschließlich dort statt. Die Bewohner des "Dörfles" wurden von den Karlsruhern "Dörflesbrüder" genannt.

Karlsruhe-Aue "Rahmdieb"

Durlach-Aue verdankt seinen Ortsnamen, der soviel wie Insel bedeutet, seiner trockenen Insellage in der Kinzig-Murg-Rinne. Die Gemarkung von Aue wurde aus derjenigen von Durlach herausgeschnitten. Mit Durlach war der Ort trotz einer gewissen Eigenständigkeit immer verbunden. Dies läßt auch das älteste Urbar der Markgrafschaft Baden von 1404 erkennen, in dem Aue erstmals aufgeführt wird. Es bestand damals aber sicher schon länger. Der Bau des Klosters Gottesaue soll zuerst am Platz des späteren Dorfes Aue angefangen, dann aber bald an seinen endgültigen Platz verlegt worden sein. Der Anbau von Gemüse zu Handelszwecken war zeitweilig auch in Durlach (vgl. "Lätschebacher") und Rüppurr üblich, aber nur in Aue nahm er einen größeren Umfang an und hat sich dort bis heute gehalten. Nachdem die Stadt Durlach das 1859 selbständig gewordene Dorf 1921 wieder in seinen Verband aufgenommen hatte, wurde Aue zusammen mit Durlach am 1.April 1938 nach Karlsruhe eingemeindet.

Der Durlach-Auer Übername "Rahmdieb" hat noch mit der alten Rolle Durlachs als Residenz und dem damit verbundenen Selbstverständnis der Durlacher als Hauptstädter zu tun. Damals wurde manchmal auf die Bauern und Arbeiter in Durlach-Aue herab geschaut. Die Bewohner Durlach-Aues waren zum Großteil ärmer als ihre Durlacher Nachbarn. Es gab wenig Kühe, die meisten verdingten sich für die Arbeit auf dem Feld. Da waren sie in ihrer Freizeit schnell mal zu den Rüppurrer Viehbauern (vgl. Rahmbeutel) herüber gesprungen, um deren Rahm, natürlich nur zu ausgesuchten Gelegenheiten, zu stehlen. Doch weniger aus der Not als aus schierem Übermut scheint die in Urkunden verbürgte Rahm - Diebeslust der Durlach-Auer gekommen zu sein. Denn wohl just bei Hochzeiten schlug die kriminelle Ader der Auemer durch. Sie klauten den Rahm für den Festtagsschmaus und süffelten ihn an Ort und Stelle aus.

Karlsruhe-Beiertheim "Schlofer"

Erstmals erwähnt wird Beiertheim als "Burtan" in einer Bestätigungsurkunde Heinrichs V. über Güterbesitz des Klosters

Gottesaue aus dem Jahre 1110. "Bur" bedeutet Hütte, "tan" stammt aus dem niederländischen und bedeutet Schlupfwinkel oder althochdeutsch Wald.

Das ursprüngliche Beiertheim dürfte somit ein Schlupfwinkel für Bauern und Hirten gewesen sein. Mit einiger Sicherheit ist die Gründung der Siedlung den Grafen von Hohenberg im Hochmittelalter als Rodungssiedlung zuzuschreiben.

Beiertheim und Bulach waren schon seit dem Spätmittelalter eine zusammengehörige weltliche und kirchliche Gemeinde mit einem Schultheißen und einem Schiedsgericht.

Diese nachbarschaftliche Nähe zu Bulach spiegelt sich im wahrsten Sinne des Wortes noch heute in den fast identischen, gespiegelten Ortswappen der 2 Stadtteile wieder.

Vom Ortswappen dürfte auch der Neckname der Beiertheimer abstammen: Es zeigt ein Halbmondgesicht, das müde nach rechts schaut, im Gegensatz zum Bulacher Halbmond, der seinen Blick nach links gerichtet hat. Das Ortswappen und zusätzlich vielleicht die gemütliche Behäbigkeit mancher Beiertheimer in ihrem noch heute malerischen und beschaulichen Stadtteil an der Alb mögen die Nachbarn dazu verleitet haben, den Beiertheimern diesen Necknamen zu verleihen.

Karlsruhe-Bulach "Nachtwächter"

Die Gründung vieler Niederlassungen in der Hardt fiel in die Zeit zwischen 1000 und 1200, so auch die der Mühle "Bulande", die erstmals in einer Urkunde von Papst Coelestin III. an das Kloster Frauenalb aus dem Jahr 1193 erwähnt wird. Der Name Bulach stammt sehr wahrscheinlich vom feuchten und sumpfigen Untergrund der Ortsgemarkung ab, was auf die Lage direkt an der Alb zurückzuführen ist. Die erste Silbe "Bu" weist möglicherweise auf einen Bestand von Buchen hin, die zweite Silbe "lach" auf den feuchten Untergrund.

Nach vielen Zerstörungen durch diverse Kriege und Albhochwasser wurde der Ort nahe der ersten Siedlungsstelle in sicherer Entfernung zur Alb wieder errichtet.

Eine Legende erzählt, daß die Bewohner Bulachs und Beiertheims türkischer Herkunft seien und einst als Gefangene des Türkenlouis angesiedelt wurden.

In großem Umfang wurde die Wäscherei in Bulach bis ins letzte Jahrhundert betrieben, die Bulacherinnen holten die Wäsche aus den Karlsruher Wohnungen und wuschen sie an der Alb. Später folgte dann auch die Industrialisierung des Wäschereibetriebs. 1929 kam Bulach durch Eingemeindung zu Karlsruhe, nachdem ein entsprechendes Angebot der Karlsruher von 1907 noch abgelehnt worden war: Bulach war, ähnlich wie Beiertheim, nach vielen Grundstücksverkäufen an Karlsruhe in den Vorjahren finanziell gut gestellt. Erst die allgemeine Not nach dem Weltkrieg und die Weltwirtschaftskrise zwangen Bulach letztendlich doch dazu, das Karlsruher Angebot anzunehmen.

Ihren Übernamen Nachtwächter haben die Bulacher wahrscheinlich von einer Tätigkeit, die der Bulacher Gemeinderat einstmals angeordnet hatte und die lange Zeit von freiwilligen Bulacher Bürgern jede Nacht von 22 Uhr bis 4 Uhr morgens ausgeführt wurde. Je zwei volljährige Bulacher Bürger sorgten nachts als Nachtwächter für Ruhe und Ordnung und riefen nach dreimaligem Hupen die Stunde wie folgt aus: "Loset, was i Euch will sage! D'Glock het 1 Zehnig 'schlage".

Die Tätigkeit war anfangs ehrenamtlich, später wurde von der Gemeinde eine Vergütung gezahlt, offenbar zu großen Teilen in Naturalien, denn in einer Anweisung des Gemeinderates heißt es, die Nachtwächter seien aufgerufen, an verschiedenen Plätzen sinnvolle (sic !) Lieder zu singen. Auch die Sperrstunde galt es zu überwachen, was sicherlich noch höhere Ansprüche an die Trinkfestigkeit eines jeden Nachtwächters stellte.

Da die Bulacher Nachtwächter mit als die letzten Nachtwächter in Karlsruhe bis in das ausgehende vorletzte Jahrhundert tätig waren, blieb ihnen ihre Tätigkeit als Neckname bis heute erhalten.

Karlsruhe-Daxlanden "Schlaucher"

In einer Papsturkunde wird 1261 die "villa daslar" erwähnt. Der Ort ist aber wohl deutlich älter, worauf Besitzverhältnisse der Klöster Weißenburg und Gottesaue in Daxlanden verweisen.

Der erste erwähnte Ortsname Daxlanden lautete "Daheslar", was soviel bedeutet wie "Ort, an dem Ziegel geschlagen werden".

Erste urkundliche Erwähnung der Appenmühle, die als Schenkung an das Spital in Baden bestätigt wird, im Jahre 1369. Sie bleibt bis ins 18. Jahrhundert in dessen Besitz. Sie ist Bannmühle für Bulach, Beiertheim, Daxlanden, Mühlburg und Knielingen.

Der Erzbischof Friedrich zu Köln entscheidet 1407 einen Streit um Jagdrechte in der "Daheslarerau" und anderen Gebieten zwischen dem König Rupprecht von Bayern und Markgraf Bernhard I. zugunsten des Markgrafen.

1463 wird Daxlanden selbständige Pfarrei, zuvor gehörte es kirchlich zu Forchheim. Im Goldgrund bei Daxlanden erlebt die Goldwäscherei 1579 eine Blütezeit. Im 18. Jahrhundert wird sie schließlich unergiebig.

Nach einem Dammbruch am 6. März 1651 verliert Daxlanden durch Hochwasser 700 Morgen Feld, 20 Häuser und die Kirche. Dies ist eine von vielen Hochwasserkatastrophen, die den Ort heimsuchen. Das neue Daxlanden wird danach auf dem Hochgestade zurückversetzt errichtet. Errichtung neuer Rheindämme in den Jahren 1673/1677 um Daxlanden und Rappenwört. Schon früher z. B. 1560 und 1652/53 hat man versucht, durch Korrekturen und Dammbauten den Rhein zu bändigen. In Daxlanden, seit dem Mittelalter Zollstation für die Rheinschiffahrt, blüht das Zollwesen im 18. Jahrhundert dank der Flößerei von Holz aus dem Schwarzwald nach Holland. Auch die württembergische Harzniederlage bringt Verkehr und Zolleinnahmen in den Ort. 1813 hat Daxlanden 844 Einwohner, die in 154 Wohngebäuden leben. Die Pferdezucht ist neben dem Fischfang auf dem Rhein eine wichtige Einnahmequelle.

1819/21 erfolgt die Rheinkorrektur nach Plänen Johann Gottfried Tullas bei Daxlanden. Damit verliert der Ort seine Funktion als Schiffs- und Zollstation an Maxau.

Der Gemeinderat von Daxlanden beklagt 1828, daß seit 1795 1.300 Morgen Land durch Hochwasser verloren gegangen seien. Besonders schwere Überschwemmungen habe es 1758, 1760, 1784, 1791, 1797 und 1802 gegeben. Durch Ableitung des Federbachs werden 1850 die Fritschlach und der Kastenwört entwässert und dadurch 1.700 Morgen wertvolles Land gewonnen.

Mit der Eröffnung des Rheinhafens 1901 ist auch der Wandel in der Erwerbsstruktur des Ortes verknüpft. Die Arbeit in den Firmen in den nahegelegenen Industriegebieten des Rheinhafens und bei Grünwinkel macht aus dem ehemaligen Fischer- und Bauerndorf immer mehr ein Arbeiterdorf.

Am 1. Januar 1910 erfolgt die Eingemeindung des Ortes nach Karlsruhe.

Von seiner Lage am noch unkorrigierten Rhein mit seinen vielen Nebenarmen hat Daxlanden seinen Übernamen erhalten. Die Altrheinarme und -schlingen hießen schon früher im Volksmund Schläuche. Diese versuchten die Daxlandener mühevoll auszutrocknen, um wertvolles neues Ackerland zu gewinnen. Als die Daxlandener nach der großen Überschwemmung einen sichereren Ort für ihre neue Siedlung suchten, fanden sie eine windgeschützte Mulde (im Volksmund ebenfalls "Schlauch"), die ihnen für ihr Vorhaben am geeignetsten erschien.

Um 1550 brachten die Daxlander in ihren Altrheinarmen Vorrichtungen (Fangschleusen, ebenfalls Schläuche genannt) an, die die Fische, die bei Hochwasser dorthin gelangt waren, zurückhalten sollten.

Darüber kam es zu einem Prozeß mit den benachbarten Knielingern, die sich dadurch benachteiligt fühlten, und die den Prozeß gewannen.

Möglicherweise war dieser Prozeß der konkrete Anlaß für die Entstehung des Spitznamens der Daxlandener.

Karlsruhe-Durlach "Letschebacher" / "Schwarzbückel"

Durlach, 1161 noch Dorf ("villa") genannt, ist bereits 1196 eine staufische Stadt. 1219 wird Durlach Eigengut des Markgrafen von Baden. Die Stadt erhält 1418 das Recht, zwei Jahrmärkte zu halten. Sie hat wahrscheinlich schon sehr viel länger das Wochenmarktrecht.

Der Name Durlach stammt wahrscheinlich von den mittelhochdeutschen Worten "durre" (dünn, trocken) und "lach" (Pfütze, Sumpf). Diese Erklärung wäre angesichts der Lage Durlachs auch einleuchtend.

1565 verlegt Markgraf Karl II. seine Residenz von Pforzheim nach Durlach, das damit einen wirtschaftlichen und kulturellen Aufschwung erlebt. Bau der Karlsburg auf dem Areal eines ehemaligen Jagdschlosses außerhalb der ursprünglichen Stadtmauern.

Errichtung des "Gymnasium illustre" 1586 durch den Markgrafen, das bald fast den Rang einer Universität erlangt.

Nachdem die Zerstörungen des Dreißigjährigen Krieges von 1648/1688 überwunden sind, erlebt Durlach eine wirtschaftliche und kulturelle Blütezeit.

Am 15./16. August 1689 wird Durlach während des Pfälzischen Erbfolgekrieges von den Truppen des französischen Königs Ludwig XIV. bis auf die Grundmauern niedergebrannt. Von der Karlsburg bleibt nur der Prinzessenbau stehen.

1698 Beginn des Wiederaufbaus der Stadt nach Modellplänen von Thomas Lefèvre. Neubau des Schlosses nach Plänen von Egidio Rossi, von denen jedoch aus Geldmangel nur zwei Gebäudeflügel verwirklicht werden. In der nach Plänen von Giovanni Mazza wieder aufgebauten Stadtkirche kann Anfang September 1700 der erste Gottesdienst gefeiert werden.

Beginn des Wiederaufbaus des Rathauses 1715, dessen barocke Fassade 1845 bei den Umbauten nach Plänen des Durlacher Architekten Jakob Hochstetter ihr heutiges Aussehen erhält.

Grundsteinlegung des neuen Schlosses und damit die Gründung des späteren Karlsruhe im Hardtwald am 17. Juni 1715. In den folgenden Jahren werden die Regierungskollegien und das "Gymnasium illustre" nach Karlsruhe verlegt, Durlach wird zu einer Ackerbürgerstadt, die die neue Residenz mit Früchten und Getreide versorgt.

Bau einer Wasserleitung um 1824 nach Karlsruhe, das von nun an mit Durlacher Wasser versorgt wird.

1829 erscheint erstmals das Durlacher Wochenblatt, das seit 1897 als Tageszeitung herausgegeben und 1964 eingestellt wird. 1859 Trennung der Gemarkungen von Durlach und dem Dorf Aue.

Gründung der Nähmaschinenfabrik Gritzner im Jahre 1872, die bis zum Ersten Weltkrieg zu einer der größten Nähmaschinenfabriken Europas wird und die mehrere tausend Arbeiter und Arbeiterinnen, auch aus den umliegenden Dörfern, beschäftigt. Durlach erhält 1896/97 eine moderne Wasserversorgung, die das System der Pumpbrunnen durch Wasserhähne ablöst. Die steigende Einwohnerdichte verlangt nach einer modernen Infrastruktur.

Seit 1890 gibt es in Durlach eine Fernsprechanlage, seit 1900 eine elektrische Straßenbahn nach Karlsruhe statt der bisherigen Dampfbahn (seit 1881) und seit 1907 eine öffentliche Bad- und Schwimmanstalt. 1899 erwirbt die Stadt das bisher privat betriebene Gaswerk. 1921 erfolgt die Eingemeindung des Dorfes Aue. Am 1. April 1938 wird Durlach in die

Landeshauptstadt Karlsruhe gegen den Willen der Durlacher zwangsweise eingemeindet. Die Stadt zählt 19.014 Einwohner.

In die Zeit nach 1715, der Gründung Karlsruhes, das Durlach den Rang der Haupt- und Residenzstadt abnimmt und auf seine Rolle als Gemüse- und Obstlieferant beschränkt, fällt auch die Entstehung der beiden Übernamen der Durlacher.
"Bisch aa aus Lätschebach?" Dabei nennt der Karlsruher sie gar nicht mit ihrem richtigen Namen. Er sagt ,,Dorlach". Oder natürlich, "Lätschebach". Die letztere Bezeichnung stammt aus der Zeit als in Durlach Kraut angebaut wurde. Das Kraut hatte außen besonders große und weiche Blätter, "Lätschen" genannt. Diese wurden oft von den Durlachern selbst gegessen, um zu sparen. Ein Begriff, der sich bis heute im Sprachgebrauch des Durlacher Dialekts erhalten hat. Der festere Innenteil des Krauts wurde im Bähnle nach Karlsruhe gebracht und dort von den beliebten Durlacher Marktfrauen mit ihrem gefürchtetem Mundwerk an die Karlsruher Bürger verkauft. Diese schätzten das Durlacher Produkt sehr.
Und die nach Karlsruhe fahrenden Durlacher wurden zu "Lätschebachern", was sie aber keinesfalls ärgert, sondern im besten Fall dezent auf ihre (natürlich längst vergangenen) landwirtschaftlichen Leistungen hinweist.

Auch der zweite der Durlacher Übernamen zeugt von der Vorliebe der Durlacher für landwirtschaftliche Arbeiten. Noch heute haben viele Durlacher ihr "Gärtle" am Turmberg, das sie selbst bewirtschaften und mit Gemüse oder gar mit Wein bepflanzen. Von der Gartenarbeit am Wochenende mit bloßem Oberkörper gebräunt, wurden die Durlacher "Lätschebacher" so zusätzlich noch zu "Schwarzbückeln".

Karlsruhe-Grötzingen "Hotschek"

Erste urkundliche Erwähnung von "Grezzingen" 991 als Besitztum des Klosters Weißenburg. Dieser erste greifbare Name hat wahrscheinlich die Bedeutung "Dorf des Grezzo". Der Ort muß aber nach der Art seines Ortsnamens schon viel älter sein, die Entstehungszeit wird heute im 5. und 6. Jahrhundert vermutet.

Aus dem Ortsbild läßt sich noch heute erkennen, daß Grötzingen aus zwei Siedlungskernen, einem nördlich der Pfinz beim Rathaus, einem südlich der Pfinz bei der Kirche, entstanden sein muß. Die erste urkundliche Erwähnung der Dorfkirche erfolgt anno 1255.

Grötzingen war neben Ettlingen der größte und bedeutendste Ort, den das Kloster Weißenburg im frühen Mittelalter auf der rechten Rheinseite besaß.

Markgraf Rudolf I. von Baden war später Lehnsträger von Grötzingen, das Dorf seit 1272 im Herrschaftsgebiet der Markgrafen von Baden, ab 1535, nach der Teilung der Markgrafschaft, im Herrschaftsgebiet derer von Baden-Durlach. Abtrennung der Durlacher Gemarkung im Jahre 1505/06, die aus der Grötzinger Gemarkung entstanden ist. Befreiung vom Besthaupt, d. h. der Abgabe des besten Stück Viehs beim Tode des Bauern an den Markgrafen 1563. Bau des Rathauses 1583, das 1668 seine heutige Gestalt erhält. Grötzingen ist mit 281 Fronpflichtigen eine blühende Gemeinde. Der Dreißigjährige Krieg 1618/1648 und die Pest lassen die Bevölkerung verarmen. Das Dorf liegt am Boden, die wirtschaftliche Entwicklung wird um Jahrzehnte zurückgeworfen. Im August 1689 wird das Dorf im Pfälzischen Erbfolgekrieg verwüstet und teilweise niedergebrannt.

Für den Wiederaufbau Durlachs in der Zeit von 1698-1715 und für die Errichtung Karlsruhes wird in Grötzingens Steinbrüchen der Buntsandstein gebrochen, für dessen Transport 1766/67 der Steinschiffkanal angelegt wird.

Friedrich Kallmorgen läßt sich 1888 in Grötzingen nieder. Es entsteht die berühmte Malerkolonie, der Otto und Jenny Fikentscher, Gustav Kampmann, Franz Hein und viele weitere bekannte Maler angehören.

Letzte große Überschwemmung des Dorfes am 7. Mai 1931 durch die Pfinz.

Mit der Eingemeindung am 1. Januar 1974 nach Karlsruhe endet das mehrjährige Ringen um den Zusammenschluß mit Karlsruhe oder mit den heute zur Gemeinde Pfinztal zusammengeschlossenen Orten Berghausen, Söllingen, Kleinsteinbach und Wöschbach. 1975 zählt der Ort 7.264 Einwohner.

Den Übernamen "Hotschek" bekamen die Grötzinger Bürger von ihren Nachbarn wegen folgendem Streit, der sich nach Ende des 30-jährigen Krieges zutrug: Während des Krieges wurde die Glocke der Grötzinger Kirche abgehängt und zum Schutz vor Diebstahl auf einem Feld vergraben. Nach Ende der kriegerischen Zeit erinnerte man sich an die vergrabene Glocke und machte sich auf, die Glocke wieder auszugraben und zurück an ihren angestammten Platz zu bringen. Zwischenzeitlich hatten aber auch die Wolfahrtsweirer (andere Quellen sagen, es waren die Weingartner) Bürger von der geplanten Bergung erfahren und beanspruchten die Glocke für sich. Man einigte sich darauf, einen Ochsen an einen Karren, auf dem sich die Glocke befand, zu spannen, und dem Ort die Glocke zu überlassen, in dessen Richtung sich der Ochse in Bewegung setzen würde. Das Tier wurde vor den Wagen gespannt und mit den heute noch üblichen "Hü-Hott"-Rufen (für links und rechts) angespornt. Der Ochse hieß wie viele Ackertiere "Scheck" , woraus sich beim Dirigieren des Ochsen nach rechts in Richtung Grötzingen "Hott Scheck" ergab. Dies verschliff sich zu "Hottscheck", was den Grötzingern bis heute als Übername erhalten geblieben ist.

Karlsruhe-Grünwettersbach "Küwwelscheisser"

Die erste Erwähnung der evangelischen Pfarrkirche Grünwettersbachs datiert aus dem Jahre 1278.
Die Namensform "Grünenweterspach" taucht erstmals 1289 in Quellen auf, bis dahin wird in der Regel der Name "Weddirsbach" oder "Weterspach" erwähnt. Verschiedene Deutungen des Ortsnamens sind möglich. Eine gewisse Wahrscheinlichkeit hat die Herleitung vom mittelhochdeutschen "wetten", was waten bedeutet und was zum Wettersbach passen könnte. Möglicherweise heißt der Bach aber auch so, weil er nur nach starken Regenfällen überhaupt als solcher zu erkennen war. Verschiedene Grundherren waren im Spätmittelalter in Grünwettersbach begütert, so die Herren von Remchingen, von Württemberg, von Baden sowie insbesondere das Kloster Herrenalb.
1535 erfolgte die Säkularisation des Klosters Herrenalb durch Herzog Ulrich von Württemberg und damit der Übergang von Grünwettersbach an

Württemberg. Grünwettersbach gehörte daraufhin zum Oberamt Neuenbürg, umgeben von badischem Territorium.

Nach dem Dreißigjährigen Krieg leben in Grünwettersbach 1648 nur noch 15 Einwohner, doch schon im Jahre 1782 sind es wieder 575 Einwohner. Am 19. Oktober 1806 fällt Grünwettersbach durch Tausch an das Großherzogtum Baden (Amt Durlach).

Zusammenschluß von Grünwettersbach und Palmbach am 1. Januar 1972 zu einer Fusionsgemeinde unter dem Namen "Wettersbach". Der am 28. Juni 1974 in Wettersbach unterzeichnete Eingemeindungsvertrag mit Karlsruhe tritt am 1. Januar 1975 in Kraft. Der Ort zählt 4.766 Einwohner, davon 3.393 im Ortsteil Grünwettersbach.

Wie bei vielen Orten in der Umgebung verdankt auch Grünwettersbach seinen Übernamen der landwirtschaftlichen Tätigkeiten der Mehrzahl seiner Einwohner. Der Legende nach gab es in Grünwettersbach, wie mit Bestimmtheit an anderen Orten auch, Zeiten, in denen das Futter für das Vieh durch ungünstige Witterung sehr knapp war. Weil dadurch der Viehbestand sehr knapp gehalten werden mußte, fiel auch der Misthaufen kleiner aus, den man wiederum dringend benötigt hätte, den Äckern und Wiesen den notwendigen Dünger für bessere Erträge zuzuführen. Was habe da näher gelegen als der Zugriff auf die Jauchegrube, die sich unter dem Plumpsklo befand. Als sich einige Familien dieses Umwegs entledigen wollten und ihr Geschäft direkt auf dem Eimer sitzend verrichteten, war damit wohl der "Küwwelscheisser" geboren. In der Nachbarschaft wird auch davon berichtet, daß die Grünwettersbacher, noch vor der Erfindung des Plumpsklos die Ersten waren, die einen Kübel benutzten, um ihre Notdurft zu verrichten. Der Vollständigkeit halber sei hier noch die vornehmste aller Varianten zu erwähnen: In früheren Zeiten hätten die Frauen das Wasser in hölzernen Kübeln vom Dorfbrunnen auf dem Kopf tragend nach Hause gebracht. Dabei sei es auch das eine oder andere Mal vorgekommen, daß die Kübelträgerinnen hinfielen. Daher die vornehmste, aber auch unwahrscheinlichste, der Varianten: "Kübelplotzer".

26

Karlsruhe-Grünwinkel "Spatzen"/ "Grönländer"

Erstmalige Erwähnung des 100 Morgen umfassenden "Hoff Kreenwinckel" (Krähenwinkel) im Jahre 1597, mit dem der Burgvogt Adam Ginth im Jahr 1583 belehnt wurde, in einer markgräflich baden-badischen Gemarkungsbeschreibung.

Der Name entspricht den Gegebenheiten an der Alb. Das höher gelegene Ufergelände war dicht mit Hecken und allerlei Gebüsch bewachsen. Dazwischen erhoben sich knorrige Eichen und Pappeln, auf denen sich im Herbst die Krähen niederließen. Dieses winterliche Schauspiel wiederholt sich noch heute in der Nähe der Albkapelle und hat dem Ort zu seinem Namen verholfen.

Den Urkunden nach wäre Grünwinkel die jüngste der Siedlungen entlang der Alb, obgleich Funde aus der Römerzeit von einer langen Besiedlungszeit an dieser geschützten Stelle der Alb zeugen.

Erste neue Erwähnung des Hofes 1673 nach dem Dreißigjährigen Krieg. Er war offensichtlich seitdem unbewirtschaftet. Um den ehemaligen Gutshof Grünwinkel bildet sich auf Veranlassung der Markgräfin Sibylla Augusta von Baden-Baden 1710 eine Arbeiterkolonie mit 18 Familien und damit das Dorf Grünwinkel. Der Ort ist Zollstation.

Am 7. September 1714 schließen die Gemeinden Bulach, Daxlanden und Grünwinkel einen Vertrag, der den landarmen Einwohnern von Grünwinkel 80 Morgen Feld zusichert. 1809 kommt Grünwinkel zum Amt Karlsruhe. Im Ort leben 216 Einwohner.

Staatsrat Wilhelm Reinhard verkauft 1849 sein seit Beginn der 1830er Jahre an den Fabrikanten Anton Sinner verpachtetes Anwesen mit Essigsiederei und Branntweinbrennerei, später auch Brauerei, an dessen Sohn Georg Sinner (heute Brauerei Moninger).

Eingemeindung von Grünwinkel zum 1. Januar 1909 nach Karlsruhe. Der Ort zählte damals 2.022 Einwohner.

Beide Grünwinkler Übernamen leiten sich, wie auch schon der Ortsname, von den in früheren Zeiten überaus zahlreich vorkommenden Krähen ab. Mit Spatzen wurden das Federvieh verniedlicht, zu Grönländern wurden die Grünwinkler schließlich durch mundartliche Aussprache und Verschleifung des Ortsnamens.

Karlsruhe-Hagsfeld "Haagseicher" / "Hasepelz"

Im Güterbuch des Abtes Edelinus von Weißenburg aus dem 13. Jahrhundert wird für das Jahr 991 der Ort erstmals unter dem Namen "Habachesfelt" erwähnt. Das stammt vom althochdeutschen Wort "habuch" bzw. dem mittelhochdeutsche Wort "habech" und würde soviel wie Habichtsfeld bedeuten. Der Ortsname kann aber auch vom Familiennamen Habach abstammen.

Papst Urban IV. bestätigt am 2. Dezember 1261, daß die Höfe in "Hagesvelt" mit allem Zubehör dem 1094 gegründeten Kloster Gottesaue gehören.

In der Markgrafschaft Baden-Durlach, zu der Hagsfeld seit 1535 gehört, wird 1556 die Reformation eingeführt. Der letzte katholische Pfarrer von Hagsfeld, Peter Koch, stirbt wenig später als letzter Mönch im Kloster Gottesaue. 1741 zählt Hagsfeld 268 Einwohner. Die Auswanderungswelle zur Jahrhundertmitte wird durch Gesetze eingedämmt, so daß 1813 im Ort 489 Einwohner leben, die sich hauptsächlich von Ackerbau und Viehzucht ernähren. 1818 erfolgt Einzäunung des Hardtwaldes zum Schutz des Jagdreviers und der Felder vor Wildschäden.

Am 1. April 1938 findet die Eingemeindung nach Karlsruhe auf Anordnung des Reichsstatthalters in Baden, Robert Wagner, statt. 1933 hatte die NSDAP den Hagsfelder Wunsch auf Eingliederung nach Karlsruhe noch abgelehnt. Hagsfeld zählt zu dieser Zeit 2.962 Einwohner.

Hagsfelds erster, wenig schmeichelhafter Übername wirft den, wie in den vorangehenden Zeilen zu lesen war, überwiegend in der Landwirtschaft tätigen Bauern vor, ihr kleines Geschäft stehend in den Dorfbach verrichtet zu haben.

Der zweite, Hasepelz, stammt ebenfalls aus dieser Epoche: In den ärmeren Zeiten des Ackerbaus der vergangenen Jahrhunderte waren die Stallhasen das Sonn- und Festtagsessen der Bauernfamilien. Das beim Schlachten anfallende Hasenfell wurde zum Schutz gegen die Winterkälte oftmals zu Schals oder Kragen verarbeitet. Aus diesem Grund werden die Hagsfelder auch heute noch Hasenpelz genannt werden.

Karlsruhe-Hohenwettersbach "Spengler"

Die erste urkundliche Erwähnung von "Durrenweterspach" findet am 09. Februar 1262 statt. Hohenwettersbach ist, verglichen mit Grünwettersbach, der jüngere Ort. Im Gegensatz zu Grünwettersbach gab es in Hohenwettersbach keinen Brunnen und sogar einen gewisse Wassernot, was die Bewohner des Ortes bewegte, ihren Ort im Gegensatz zum älteren der beiden Orte "Durrenweterspach" zu nennen. Am 25. Mai 1281 fällt "Durrenweitersbach" mit anderen Besitzungen des Grafen von Eberstein als Pfand an den Markgraf Hermann von Baden.

Der Ort brennt 1615 bis auf fünf Häuser ab und gegen Ende des Dreißigjährigen Krieges leben nur noch wenige Einwohner in Dürrenwettersbach. Der spätere Markgraf und Karlsruher Stadtgründer Karl Wilhelm erwirbt 1706 nach einem Rechtsstreit von der Witwe des markgräflichen Oberstallmeisters Terzy von Cronental die Güter der Gemarkung Dürrenwettersbach. Er nennt sie nun Hohenwettersbach. Nach Aufhebung der Leibeigenschaft in Baden im Jahre 1783 schließt die Grundherrschaft 1799 mit den Ortsansässigen Aufnahmeverträge ab. Darin werden Fronpflichten und Abgaben festgesetzt. Wer nicht unterzeichnet, muß das Dorf verlassen.

Die Hohenwettersbacher, die sich u. a. durch Heimarbeit, Arbeit in Steinbrüchen und Wandergewerbe ihren Unterhalt verdienen, erzielen 1806 mit der Herstellung von Zündhölzern einen Gewinn von 400 Gulden.

Die seit 1864 getrennten Gemarkungen des Hofgutes und des Ortes werden 1931 vereinigt.

Am 19. Dezember 1971 findet die Unterzeichnung des Eingemeindungsvertrags in Hohenwettersbach durch Bürgermeister Erwin Gräber und Oberbürgermeister Otto Dullenkopf statt. Der Vertrag tritt am 1.1.1972 in Kraft. Der Ort zählt zu diesem Zeitpunkt 1.410 Einwohner.

Den Übernamen Spengler haben die Hohenwettersbacher aus der Zeit, in der das gesamte Land ringsum im Besitz der Barone von Schilling befand. Die Einwohner verdingten sich täglich von früh bis spät zur Arbeit auf den Feldern. Um die ärmlichen Einkommen aufzubessern, wurde abends am Herd noch allerlei Heimarbeiten von der ganzen Familie erledigt: Es wurden Wäscheklammern geschnitzt, Blechkessel geflickt, Scheren geschliffen und Blechlöffel "gespengelt". Letztere Tätigkeit war für die

Bewohner der angrenzenden Orte offenbar Anlaß genug, den Hohenwettersbachern den Übernamen "Spengler" zu verleihen.

Karlsruhe-Knielingen "Holzbiere"

"Ich Hildefried aus dem Dorfe Cnutlinge im Ufgau, schenke im Namen Gottes an den heiligen Nazarius in Lorsch 2 Juchhart Acker, einem Gelübde gemäß"
So lautet die früheste urkundliche Erwähnung von Knielingen aus dem Jahre 786, die sich im Codex des Klosters Lorsch befindet (man nimmt neuerdings aber an, daß es sich hier um einen Abschreibefehler handelt und das Jahr 776 gemeint ist, da der in der Urkunde erwähnte Abt Gundeland 786 nicht mehr im Amt war). Verschiedene Grabungsfunde auf Knielinger Gemarkung verweisen allerdings auf eine viel frühere Besiedlung des Raumes bereits in der Bronzezeit. 1398 findet die Aufteilung der Fischereirechte zwischen Knielingen und Wörth statt.
Bei der Teilung der Markgrafschaft 1535 fällt der Ort an Baden-Durlach. Im Pfälzischen Erbfolgekrieg brennen französische Truppen 1688 den Ort fast vollständig nieder. Die etwa 1.200 Einwohner leben in den kommenden Jahrzehnten vor allem vom Hanf- und Flachsanbau sowie von der stark betriebenen Pferdezucht, von der heute noch die Pferderennen zeugen. Der Ortsvorsteher bezeichnet Knielingen 1816 als "reichste Gemeinde im Landamtskreis".
1817 beginnt der Rheinregulierung durch Oberstleutnant Johann Gottfried Tulla mit dem "Knielinger Durchstich". Der heftige Widerstand der Bauern dagegen resultiert aus dem Verlust wertvoller Wiesen und Goldgründe, die linksrheinisch werden, und kann nur mit dem Einsatz von Infanterie gebrochen werden.
Am 25. August 1840 wird die Schiffbrücke über den Rhein eingeweiht. Dort entsteht auch ein Rheinbad, das bis 1939 betrieben wird, sowie ein Gasthof. Ackerbau und Viehzucht bleiben die Lebensgrundlage des Ortes, aber ein Trend zur Industriearbeit läßt sich schon feststellen. 1902 schließt der Maxauer Hafen nach der Eröffnung des Rheinhafens. Unter den etwa 3.200 Einwohnern wächst der Anteil der Arbeiter nur langsam und beträgt bei der Eingemeindung etwa 10 Prozent. Zum 1. April 1935 wird Knielingen in die Stadt Karlsruhe durch Anordnung des

"Reichsstatthalters" in Baden Robert Wagner eingemeindet. Knielingen zählt 5.250 Einwohner.

Der Neckname "Holzbiere" rührt daher, daß von dem Knielinger Bauern aus "Holzbirnen" (Mostbirnen) in Knielingen Most gepreßt wurde. Diese Früchte werden heute noch auf den Feldern in unserer Region angebaut. Durch den Anbau dieser Früchte wurde damals Humus gewonnen, der dringend zur Aufwertung der Äcker benötigt wurde. Der nach dem Pressen des Mosts verbleibende Preßrückstand wurde, wie heute noch üblich, zum Düngen auf die Felder ausgebracht. Holzbirnen heißen im Knielinger Dialekt "Holzbiere". Vielleicht wurde der Name der Frucht den Knielingern auch deswegen verliehen, weil ihnen gerne oft selbst die Eigenschaften der Birne nachgesagt wurde: "Außen mit harter Schale, innen mit weichem Kern". Und: "Hart, sauer und schlecht zu genießen", da mit den Knielingern in früheren Zeiten nicht immer gut Kirschen essen gewesen sein soll.

Karlsruhe-Mühlburg "Milchsäule"

Die früheste urkundliche Erwähnung von Mühlburg findet sich 1248 in Dokumenten, in der Mühlburg unter dem Namen "Mulenberc" aufgeführt wird. Der Ortsname stammt von einer Mühle, die seit langer Zeit den rechts der Alb gelegenen Orten wie Knielingen, Bulach und Beiertheim als Mahlstätte diente.
Der Ort der Mühle war strategisch wichtig gelegen, so daß hier auch Zoll kassiert wurde. Zum Schutz dieses so wichtigen Platzes wurde auf der Gemarkung des Dorfes Knielingen in staufischer Zeit eine Tiefburg errichtet, die erstmals im Jahre 1265 als Burg "Mulnberg" erwähnt wird und deren Besitzer Markgraf Rudolf I. von Baden war. Besetzung von Mühlburg, Grötzingen und Durlach sowie anderer Orte 1274 durch Kaiser Rudolf I. von Habsburg. 1335 schenkt Kaiser Ludwig IV. dem Markgraf Rudolf IV. die Burg Mühlburg und alle anderen Lehen, die sein Vetter Rudolf Hesso 1331 vom Reich erhalten hatte. Oberrheinische Städte, darunter Basel, Straßburg und Freiburg, sowie Württemberg, die Pfalz und der Bischof von Speyer verbünden sich 1424, um Markgraf Bernhard I. aus seiner Herrschaft zu vertreiben. Sie belagern wochenlang Mühlburg, das

aber standhält. Abschluß eines Friedensvertrages, der "Mühlberger Richtung". Erste Erwähnung eines Entenfangs anno 1475. 1528 läßt Markgraf Philipp I. einen Entwurf für den Ausbau der Burg zum Schloß fertigen. Markgraf Karl II. wählt das Schloß 1555 zur Sommerresidenz und errichtet einen größeren Bau, den Markgraf Ernst Friedrich um 1600 prächtig einrichten läßt. Markgraf Friedrich Magnus läßt 1668 das Schloß, das Tillys Truppen 1622 im Dreißigjährigen Krieg niederbrannten, wiederherstellen. Die wenigen Bewohner leben vom Dienst bei der Herrschaft.

1670 erhält Mühlburg das Stadtrecht. Mit einem Freiheitsbrief, nicht unähnlich dem später für Karlsruhe verkündeten, soll die Besiedelung gefördert werden. Zerstörung des Schlosses und der im Entstehen begriffenen Stadt 1689 durch französische Truppen im Pfälzischen Erbfolgekrieg. Die Steine des Schlosses werden 1715 zum Bau des Karlsruher Schlosses verwendet.

Geburt von Carl Benz, dem Erfinder des Automobils am 25. November 1844. Seine theoretische und praktische Ausbildung erhält er am Karlsruher Polytechnikum und in der dortigen Maschinenbaugesellschaft. Die am heutigen Lameyplatz gelegene Mühle wird stillgelegt, aber erst 1942 abgebrochen.

Am 1. Januar 1886 findet die Eingliederung Mühlburgs in die Stadt Karlsruhe statt. Mühlburg hat damals 4.110 Einwohner.

Im Volksmund werden die Mühlburger "Milchsäule" genannt. In Mühlburg sollen nämlich früher, in Zeiten verstärkter landwirtschaftlicher Aktivitäten, besonders erfolgreich Schweine gezüchtet worden sein. Aufgrund der Vielzahl der Mühlburger Zuchterfolge hatten die Mutterschweine oft nicht genug Milch für alle Ferkel. So kam es, daß die Ferkel in Mühlburg oft mit Kuh- und Ziegenmilch als Ersatznahrung großgezogen werden mußten.

In Anlehnung an diesen Umstand werden die Einwohner dieses Karlsruher Stadtteils heute neben dem bekannteren Übernamen "Milchsäule" selten auch noch "Schwanzbrigande" genannt.

Karlsruhe-Neureut "Kiehbacher"/ "Spuntefresser"

Erste urkundliche Erwähnung von Neureut 1260 in einem Vertrag zwischen Markgraf Rudolf I. und dem Kloster Gottesaue vom 15. April über eine Neurodung, von welchem Wort auch der Ortsname abstammt, (Novale, Neureut) und Dorfgründung des Markgrafen auf Eggensteiner Gemarkung. 1275 schenkt Markgraf Rudolf I. dem Kloster Gottesaue die Dörfer Rintheim und Eggenstein ohne Neureut, das seit diesem Zeitpunkt als selbständige Gemeinde anzusehen ist. Der Ort wird 1556 unter Markgraf Karl II. evangelisch. Die Neureuter kaufen sich 1563 von der Leibeigenschaft frei. Während des Dreißigjährigen Krieges fliehen die Neureuter 1636 nach Durlach, da ihr Dorf gemeinsam mit Knielingen und Eggenstein von drei Reiterabteilungen besetzt ist.

Durch den Pfälzischen Erbfolgekrieg 1688-1697 wird Neureut in Mitleidenschaft gezogen, die Dorfbewohner verlassen zeitweise den Ort. 1699 gründen französische Glaubensflüchtlinge in unmittelbarer Nachbarschaft die Ortschaft Welschneureut. Der bis 1731 zur Pfarrei Mühlburg gehörige Ort Teutschneureut - so die Bezeichnung für den alten Ort - erhält einen eigenen Pfarrer, der zugleich die Schulmeisterstelle übertragen bekommt.

Rund 900 Arbeitskräfte, 600 aus Teutschneureut, pendeln im Jahre 1914 nach Karlsruhe. Die traditionelle Arbeit in der Landwirtschaft wird zum größten Teil von den Frauen ausgeführt. Der seit der Mitte des 19. Jahrhunderts einsetzende Wandel von einem Bauerndorf zu einem Arbeiterdorf ist damit vollzogen. Die Gemeinden zählen 1910 zusammen 3.603 Einwohner.

Am 1. November 1935 wird Welschneureut nach Teutschneureut eingemeindet. Der Ort heißt nun "Neureut (Baden)". Nach heftigem Widerstand wird Neureut am 14. Februar 1975 mit dem Urteil des Staatsgerichtshofes, bei dem die Gemeinde eine Klage gegen das Gemeindereformgesetz des Landtags vom 19. Juli 1974 angestrengt hatte, doch nach Karlsruhe eingemeindet. Der Eingemeindungsvertrag wird am 10. April von Oberbürgermeister Otto Dullenkopf und Bürgermeister Hermann Meinzer im Haus Solms unterzeichnet.

Aus den Zeiten, in denen die Neureuter ihren Lebensunterhalt hauptsächlich durch die Landwirtschaft verdienten, stammt auch der

Übername, mit dem die Neureuter im Laufe der Zeit von ihren Nachbarn versehen wurden: "Spundefresser"

Dem "Spunde" (vom Wort "Faßspund", mit dem die Ausflußöffnung der Fässer verschlossen wurde) in der Form ähnlich sind die aus Kartoffelbrei ausgestochenen Klöße, die offenbar ein Leibgericht des alten Dorfes waren. Sie stopften, d.h. sie machten satt, auch ohne Fleisch. Die Teutschneureuter übernahmen den Namen und setzten sogar einen, in Stein gehauenen, Spundefresser als Denkmal und Symbol vor ihr Rathaus.

Auch gibt es noch den Namen "Kiehbacher" für die Teutschneureuter, eine Anspielung darauf, daß sie Kühe hatten, während sich die Welschneureuter mit Ziegen begnügen mußten. Später wurde der Neckname in "Katzebacher" abgewandelt, vielleicht um den sozialen Unterschied herunterzuspielen.

Karlsruhe-Oststadt "Trapper"

Während der Entwicklung Karlsruhes in den Jahren 1864-1914 hin zur Großstadt wuchs die Stadt in Richtung Westen, Süden und Osten, schluckte die Orte, an die sie stieß, durch Eingemeindung und schloß die Lücken mit Siedlungen, wie auch die Oststadt eine ist. Ende der 1880er Jahre begann die Entwicklung der Oststadt, in der die bürgerliche Mittelschicht zwischen der 1901 fertig gestellten Bernharduskirche und der Georg-Friedrich-Straße baute. Östlich davon entstand ab den 1890er Jahren ein gemischtes Gewerbe- und Wohngebiet. Das obere Bürgertum baute sich große, repräsentative Wohnungen und Häuser in der Weststadt und in der Hardtsiedlung, die Arbeiterfamilien zogen in die engen Gassen der neu entstehenden Süd- und Oststadt, und in der Oststadt wuchsen große Fabrikgebäude.

Hinter der Tullastraße entstanden im Jahre 1919 auf städtischem Gelände 118 Kleinwohnungen in Mehrfamilienhäusern, und seit jeher war die Oststadt zusammen mit der Südstadt und Mühlburg die traditionellen Hochburgen der "Roten" in Karlsruhe.

Im Jahre 1908 beschäftigte z.B. die Firma Gritzner um die 2.900 Arbeiter, von denen 1.000 in Durlach selbst, 600 in Aue, Grötzingen und in der Oststadt lebten.

Der Übername Trapper der Oststädter entwickelt sich analog zum Necknamen der Südstädter. Waren diese schon immer als Indianer verschrien und kleideten sich auch an Fasching oft in Indianerkleider, bildete sich in der Oststadt an Fasching und zu Volksfesten mit dem Verkleiden der Oststädter als Trapper die Gegenbewegung zur Südstadt. Diese Verkleidungen haben den Nachbarn der Oststädter anscheinend derart imponiert, daß sie fortan auch während des restlichen Jahres und bis zum heutigen Tag "Trapper" gerufen werden.

Karlsruhe-Palmbach "Schacke" / "Schackebreuner"

Aus Hessen-Darmstadt kommend, gründen 28 Waldenserfamilien 1701 den Ort La Balme. Sie dürfen sich auf der Gemarkung Grünwettersbach, die seit dem Dreißigjährigen Krieg und den Verwüstungen durch französische Truppen 1689 zum Teil verödet ist, niederlassen. Der Ortsname erinnert an das Heimatdorf La Balme im Chisonetal in den Alpen, von wo die Waldenser wegen ihres Glaubens vertrieben worden waren. Noch im 18. Jahrhundert bürgert sich für den Ort der Name Palmbach ein.

Da das den Waldensern überlassene Land zur Ernährung nicht ausreicht, erhalten 12 Familien 1720 die Erlaubnis zur Auswanderung.

Palmbach, bisher dem Amt Neuenbürg (Württemberg) zugehörig, wird 1806 infolge der Bildung des Großherzogtums Baden dem Amt Durlach angegliedert und damit badisch, es gibt zu diesem Zeitpunkt erst 2 deutsche Familiennamen im Ort.

Im Jahre 1809 wird das erste Schulhaus errichtet und es erfolgt die Anstellung des ersten deutschen Lehrers. Zuvor wurden die Kinder von Ortsansässigen französisch und deutsch unterrichtet.

In Palmbach sind 1829 nach einem amtlichen Bericht über die Vermögensverhältnisse "zwei Drittel der Gemeinde vergantet, die übrigen hart mit Schulden gedrückt". Es existieren zwei Gastwirtschaften.

In Palmbach zeichnet sich um das Jahr 1870 ein Strukturwandel ab. Viele Bauern verdienen in nahegelegenen Steinbrüchen oder den entstehenden Fabriken in Durlach, Karlsruhe und Ettlingen ein Zubrot. In den Jahren 1830-1870 entschieden sich 84 der etwa 300 Einwohner für die Auswanderung nach Übersee, um ihre Existenzbedingungen zu verbessern.

Mitte der 70er Jahre des letzten Jahrhunderts kam Palmbach dann im Zuge der Gemeinde- und Gebietsreformen zu Karlsruhe.

Den Namen "Schacke", der sich im Laufe der Zeit aus "Schackebreuner" verschliffen hat, haben die Palmbacher ihrer französischen Vorfahren zu verdanken. Es handelt sich hierbei um die mundartliche Ableitung der Namen "Jean Brun" oder "Jaques Brun". Da diese Namen sehr häufig in Palmbach vorkamen, nannten deren Nachbarn nach und nach alle Palmbacher bei diesem Übernamen, der dem örtlichen Dialekt entsprungen ist. Wie man sagt, sei der Übername in der „Spinnerei" entstanden. Gemeint sind damit die Ettlinger Spinnereibetriebe, in denen seit der Gründung dieses Unternehmens bis in die Neuzeit sehr viele Bewohner Palmbachs, aber auch Grünwettersbachs, Arbeit und Brot fanden.
Der Vollständigkeit halber sei an dieser Stelle angemerkt, daß diese beiden Übernamen von den Palmbachern ganz und gar nicht gerne gehört werden und mit Vorsicht zu gebrauchen sind.

Karlsruhe-Rintheim "Sandhasen"

Mit einer Urkunde vom 15. August 1110 bestätigt Kaiser Heinrichs V. die Stiftung des Klosters Gottesaue und dessen Güterbesitz, darunter auch den in "Rintdam", was, sinnverwandt mit dem Beiertheimer Ortsnamen (Burtan), soviel wie Geländeeinschnitt oder Rinne im Wald bedeutet. In einer Schenkungsurkunde vom 4. Oktober 1275 übereignet Markgraf Rudolf I. von Baden "Rintham" dem Kloster Gottesaue.
Rintheim wird 1451 verwaltungsmäßig dem Amt Durlach unterstellt. Die älteste Häuser- und Bürgerliste verzeichnet 1482 35 Häuser beiderseits der Straße. Im Dreißigjährigen Krieg bleibt auch Rintheim nicht verschont, die Einwohnerzahl verringert sich 1637 auf 14. Durch Fronarbeit Rintheimer Bürger wird 1665 der Entenkoy (Entenfang) im Elfmorgenbruch, der schon 1577-1586 bestand, wieder aufgebaut. Im Pfälzischen Erbfolgekrieg wird Rintheim 1689 weitgehend zerstört. Das Dorf zählt danach noch 18 Bürger.
Die Gemeinde erwirbt 1801 erneut 67 Morgen Äcker und Wiesen aus ehemaligem Gottesauer Besitz.

36

Auf den 1. Januar 1907 wurde Rintheim zusammen mit Beiertheim und Rüppurr nach Karlsruhe eingemeindet.

Den Übernamen "Sandhasen" haben die Rintheimer, wie auch andere Orte der Hardt, aufgrund der äußerst sandigen Böden, die sie, fleißig wie die Hasen, mühsam bewirtschafteten, verliehen bekommen. Auch war die Vielzahl von Nagetieren, die sich in früheren Zeiten auf ihren Feldern tummelten, ebenfalls mit für die Entstehung des Übernamens verantwortlich.

Karlsruhe-Rüppurr "Rahmbeutel" / "Rieberger"

Früheste urkundliche Erwähnung Rüppurrs 1103 als "Rietburg" im Codex des Klosters Hirsau. Der Name bedeutet Haus im Ried oder Sumpf.
Das Kloster Lichtental erhält 1246 das Patronat über die Rüppurrer Mutterkirche St. Martin in Ettlingen. Graf Eberhard IV. von Eberstein schenkt 1258 dem Kloster Herrenalb seine Besitzungen in Rüppurr. In einer Urkunde wird 1265 ein südlich gelegenes Ober- und ein Unterrüppurr mit dem Schloßbezirk erwähnt. Graf Heinrich von Eberstein gibt 1290 Zehntanteile in beiden Rüppurr an das Kloster Lichtental ab.
Erste Erwähnung der Nikolauskapelle 1351 in einem Vertrag, nach dem das Kloster Lichtenthal zu Reparaturen nicht verpflichtet ist.
Heinz von Rüppurr, der in dem Wasserschloß residiert, erwirbt 1475 die Hälfte des Dorfes vom Kloster Herrenalb. Die Herren von Rüppurr erlassen 1557 eine Dorfordnung. Danach ernennen sie den Bürgermeister und können nach Gutdünken Recht sprechen.
Markgraf Ernst Friedrich von Baden erwirbt 1594 das Schloß und 1603 das Dorf Rüppurr, das nun evangelisch wird. Der Ort, der im Pfälzischen Erbfolgekrieg nicht zerstört wurde, zählt 1700 entlang der Alb 53 Häuser und 7 Hausplätze. Hier leben 140 Einwohner. 1735 führen strategische Überschwemmungen im Spanischen Erbfolgekrieg an den zuvor errichteten Ettlinger Linien zu schweren Zerstörungen im Ort. 1762 erfolgt der Abriß des alten Schlosses. Der Ort zählt 1798 103 Häuser und Höfe mit 519 Einwohnern. Etwa zu dieser Zeit wird der Weg von Karlsruhe nach Ettlingen zur Landstraße ausgebaut.

Verlegung der Chemischen Fabrik 1834 von Karlsruhe nach Rüppurr ins Gebiet des heutigen Märchenviertel. Sie existiert bis 1910. Der Ort zählt 1850 1.251 Einwohner, darunter 18 Katholiken. Zahlreiche Frauen arbeiten als Näherinnen, Büglerinnen und Wäscherinnen für die nahe Residenz. Eröffnung der Albtalbahn im Jahre 1898. Damit beginnt für die inzwischen zusammengewachsenen Gemeindeteile die Entwicklung zur Trabantenstadt von Karlsruhe. Eingemeindung in die Stadt Karlsruhe am 1. Januar 1907 auf Betreiben Rüppurrs. Rüppurr hat zu diesem Zeitpunkt 2.574 Einwohner.

Den Übernamen "Rahmbeutel" verdienten sich die Rüppurrer in Zeiten, in denen die landwirtschaftlichen Produkte noch täglich auf den Karlsruher Markt gebracht und dort verkauft wurden. Ältere Mitbürger können sich noch heute daran erinnern, wie die Rüppurrer ihren Rahm, oder was noch dazu werden sollte, frühmorgens in Beuteln, die sie sich an die Hüfte gebunden hatten, nach Karlsruhe trugen. Durch das Schaukeln am Körper des Trägers beim Transport wurde der Rahm erst richtig bewegt und war bei den Karlsruher Käufern (und nicht nur bei den Käufern, vergleiche Durlach-Aue "Rahmdiebe") dermaßen beliebt, daß die Rüppurrer fortan mit dem Namen "Rahmbeutel" bedacht wurden.
Ebenfalls sollte man wissen, daß das Wort "Ra(h)m" früher auch "Dreck" bedeuten konnte. Die sich somit ergebende neue Bedeutung des Übernamens Rahmbeutel leite sich ein jeder selbst herbei.
Der zweite Übername der Rüppurrer leitet sich von der dialektischen Aussprache des ursprünglichen Ortsnamens "Rietburg" ab, woraus sich im Laufe der Zeit "Rieberg" für Rüppurr und "Rieberger" für die Rüppurrer entwickelte. Dieser zweite Übername dürfte aufgrund der Abstammung vom ursprünglichen Ortsnamen der weitaus ältere der beiden Rüppurrer Necknamen sein.

Karlsruhe-Stupferich "Pelzmüller"

Ersterwähnung von Stupferich um die Jahrhundertwende des Jahres 1100 als "Stutpferich" in einer Kopie des Codex Hirsaugiensis aus dem 16. Jahrhundert. Graf Reginbodo von Malsch überträgt dem Kloster Hirsau die

Kirche und weitere Besitzungen zu Stupferich. Der Ortsname weist auf eine Pferdezucht ("Stutenpferch") hin.

Die badischen Markgrafen sind 1292 Lehensherren des Ortes Stupferich. Das Lehen ist je zur Hälfte an Albert von Stupferich und an Heinrich von Stupferich ausgegeben. Ritter Albert Hofwart von Sickingen verkauft 1296 eine Hälfte des Dorfes an das Kloster Herrenalb. Ein Ortsadel ist für die Jahre 1283 bis 1318 nachweisbar. Das Kloster Herrenalb kauft 1307 von dem Durlacher Bürger Werner Bersche eine Roggengült in Stupferich und besitzt damit den ganzen Ort.

Stupferich fällt 1535 bei der Teilung der Markgrafschaft mit dem Amt Ettlingen an den Markgrafen Bernhard IV. von Baden-Baden. Nachdem das Dorf im Dreißigjährigen Krieg stark in Mitleidenschaft gezogen worden war, leben 1663 wieder 17 Familien im Ort.

Gründung des Omnibusunternehmens Joseph Vogel im Jahre 1925, das eine Buslinie nach Durlach einrichtet.

Stupferich, das als erste Gemeinde im Zuge der Verwaltungsreform mit Karlsruhe am 20. November 1971 einen Vertrag unterzeichnete, wird am 1.Januar 1972 eingemeindet.

Folgende alte Stupfericher Erzählung soll verdeutlichen, wie lange Stupferich, auf einer Anhöhe gelegen, in vielen Dingen von Einrichtungen im Tal abhängig war und letztendlich aus diesem Umstand heraus so auch seinen Übernamen verliehen bekam:

Etwa 70 Jahre mag es her sein, da mußten die Stupfericher mit dem Wasser noch sehr haushälterisch umgehen. Wohl lief im Dorf der Dorfbrunnen, und in manchem Hofe stand eine Pumpe. Aber nur spärlich floß das köstliche Naß. Wenn ein trockenes Jahr war, versiegten alle Brunnen. Nicht ein Tropfen Wasser war dann im ganzen Dorf aufzutreiben. Es blieb den Stupfericher Bauern gar nichts anderes übrig, als einzuspannen und ins Mutschelbacher Tal hinunter zu fahren. Dort quoll am Straßenrand ein Brünnlein aus dem Erdreich, dessen Wasser sich in einem Tümpel sammelte. Von da aus rieselte es durch die Wiesen zum Bocksbach. Die Jugend von Mutschelbach nannte den Gumpen Kindlesbrunnen. Aus diesem Brunnen schöpften die Wasserholer die Fässer voll, die auf dem Wagen lagen. Mit ihrer nassen Ladung fuhren sie bergauf ihrem Dorf zu.

So schlecht es um das Trinkwasser oft schlecht bestellt war, noch weniger Wasser hatten die Stupfericher in vergangenen Tagen für eine Mühle. Und so mußten sie über viele Jahre hinweg ihre Ackerfrüchte in Säcken zu einer Mühle nach Singen ins Bocksbachtal tragen. Da es im engen Bocksbachtal oft schattig und sehr kühl war, zogen sich die Stupfericher gerne warm an für den beschwerlichen und kalten Weg zur Mühle. Mit Pelzen vor der Kälte gefeit, verhalfen die Stupfericher Bauern ihrem Ort und ihren Mitbewohnern zu ihrem Übernamen "Pelzmüller".

Die Stupfericher werden manchmal auch "Gänsfüßler" wegen des Gänsefußes in ihrem Ortswappen genannt.

Karlsruhe-Südstadt "Eisenbahner" / "Indianer"

Um das Jahr 1806, die Stadt Karlsruhe war noch mit einer Mauer umgeben, erwarben die Stadtväter das vor den beiden Stadttoren (Ettlinger Tor und Rüppurrer Tor) gelegene "Kammergutgelände", ein Bruch-, Wald- und Gartenterrain. Bis 1820 wurde der östliche Teil aufgefüllt und als Gartengelände genutzt. Der Rest, die sumpfigen Wiesen, dienten je nach Jahreszeit der Freizeitgestaltung der damaligen Jugend. Im Sommer war es eine Bademöglichkeit, im Winter wurden die Wiesen überschwemmt und dienten dann als Schlittschuhfläche und ebenfalls der Eisgewinnung.

Der Kunst- und Handelsgärtner Männig erhielt 1820 die Ausnahmegenehmigung, zwischen seinen Blumen- und Gemüsebeeten in den "Augärten" ein einstöckiges Gartenhaus zu errichten. Er war somit der erste Südstädter, der südlich vor den Toren der Stadt Karlsruhe wohnte.

Im Jahre 1841 hielt die Technik in Karlsruhe Einzug. Der erste Karlsruher Bahnhof auf der Nachtweide und die damit verbundenen Trassen und Bahnlinien wurden gebaut. Hierzu wurde die "Gesellschaft von Gewerbetreibenden" gegründet, die sich auf den Augärten ansiedelte. Bereits 1847 zählte man 850 Mitarbeiter, die für die Badische Staatsbahn Maschinen, Gleise und Waggons bauten. Noch heute werden solche Arbeiten im jetzigen Bundesbahn - Ausbesserungswerk durchgeführt.

Ursprünglich als Eisenbahnersiedlung gegründet, liegt die Entstehung des ersten Übernamens der Südstädtler auf der Hand. Seit Beginn der Besiedlung im Bereich der heutigen Südstadt wohnten dort für lange Zeit

40

überwiegend Leute, die bei der Bahn arbeiteten, und die so zum Übernamensgeber für ihren Stadtteil wurden.

Für die Entstehung ihres zweiten Übernamens "Indianer" existieren zwei Entstehungstheorien:

Die erste Version erzählt von vierzig Indianern eines Zirkus, die auf der Schützenwiese nahe der Südstadt überwintert haben sollen. Man erzählt, sie hätten gute Kontakte zur ortsansässigen Bevölkerung gehabt, und da sie auch das eine oder andere Kind zurückließen, habe man die Südstädter bald "Südstadtindianer" genannt.

Die andere Version überliefert, daß die Bahnarbeiter von ihrem schweren Dienst oft verschwitzt, rußig und rot im Gesicht nach Hause kamen und wegen dieser äußeren Erscheinung von ihren Mitbürgern alsbald als Indianer bezeichnet wurden.

Vom zweiten Necknamen der Südstädter zeugt heute noch der Indianerbrunnen auf dem Werderplatz.

Karlsruhe-Südweststadt "Fabrikler"

Zur Mitte und zum Ende des 19. Jahrhunderts hin breitete sich die Stadt Karlsruhe stark in alle Himmelsrichtungen aus und kam auch im Süden immer näher an die Gemeinden Bulach und Beiertheim heran. Nachdem die Hirschstraße bereits zwei mal verlängert worden war und Bürger dort immer wieder anbauten, wurden von der Jahrhundertwende bis Ende der 1930er Jahre neue Straßen im Bereich zwischen der heutigen Hirsch- und Brauerstraße angelegt und der überwiegende Teil der Häuser der heutigen Südweststadt erbaut.

Seit Ende des 19. Jahrhunderts wurde im Südwesten des Stadtgebiets im Bannwaldgebiet zwischen Beiertheim Bulach und Mühlburg-Daxlanden ein neues Gewerbegebiet für Fabrikbauten ausgewiesen.

Noch heute zeugen die Bauten der ehemaligen IWKA, die heute das "Zentrum für Kunst und Medientechnologie" (ZKM), die "Hochschule für Gestaltung" (HFG) und die Städtische Kunstsammlung beherbergen, sowie einige in den Hinterhöfen und Nebenstraßen der Südweststadt versteckte Fabrikhallen (Regneri) von der eigentlich industriellen Vergangenheit dieses Stadtteils.

Daher ist es verständlich, daß die Bewohner, die auf ehemaligen Fabrikgeländen und in unmittelbarer Nähe zu einigen der größten Karlsruher Fabriken, im Westen die Keßlerschen Maschinenfabriken, die Deutschen Waffen und Munitionsfabriken (heute ZKM), im Süden die Beiertheimer und Bulacher Wäschereien, nun in hübschen Bürgerhäusern residierten, von ihren Nachbarn Fabrikler gerufen wurden.

Karlsruhe-Weststadt "Krautköpf"

Etwas älter als die erwähnte Südweststadt ist die Weststadt, die zwischen der eigentlichen Kernstadt und Mühlburg gegen Mitte des vorletzten Jahrhunderts entstand. Das Bürgertum baute sich hier große und repräsentative Wohnungen und Häuser, besonders sehenswert noch heute die Häuser des "Musikerviertels" zwischen Kaiserallee und Moltkestraße.

Neben aller wohnlichen Noblesse gab es aber auch einen Anteil an weniger begüterten Bewohnern in der Weststadt. Diese versorgten unter anderem die Märkte der Stadt, besonders den großen Markt am Gottesauer Schloß, mit Naturalien. Noch heute findet ein in der ganzen Stadt beliebter Wochenmarkt auf dem Gutenbergplatz statt. Von dieser Tätigkeit des Obst- und Gemüseanbaus müssen wohl die Fähigkeiten der Weststädler, besonders imposante Krautköpfe zu ziehen, ihren Marktbesuchern derart imponiert haben, daß sie heute noch mit dem Übernamen "Krautköpf" geneckt werden.

Karlsruhe-Wolfartsweier "Stickel"

Eine erste schriftliche Nennung des Ortes findet sich am 2. Dezember 1261, als in einer Urkunde Papst Urban IV. dem Kloster Gottesaue bestätigt, unter anderem Klostergüter und Gerechtsame in "Wolvoldeswilere" zu besitzen. Der Name des Ortes kommt daher, daß in früheren Zeiten zu der dortigen Kirche gewallfahrtet wurde. Damals stand in dem kleinen Weier am Wettersbach eine Heiligenkapelle. Die Wallfahrt stand unter der Pflege von Kapuzinern, die bei der Kapelle wohnten. Bald war der kleine Wallfahrtsort im ganzen Land bekannt und aus dem kleinen

Weier entstand der Name Wallfahrtsweier, aus dem später Wolfartsweier in seiner heutigen Schreibweise wurde.

Erste urkundliche Erwähnung einer Kirche und eines Pfarrers in "Wolf hartswilre" 1329. Eine Urkunde des Jahres 1488 nennt als Namen der Pfarrkirche "St. Margarethen". Ein Grabstein an der Kirche weist das Jahr 1419 als Todesjahr des Ritters Pleich von Waldeck nach. Seine Familie besaß vermutlich oberhalb des Ortes eine Burg, die womöglich auf Mauerresten eines römischen Wartturms errichtet wurde. Bei der Teilung Badens im Jahre 1535 fällt Wolfartsweier an die Markgrafschaft Baden-Durlach. Einsetzung des ersten lutherischen Pfarrers 1556 durch Markgraf Karl II.

1698 leben in Wolfartsweier nur noch zehn Bürger, und das ist nur noch die Hälfte der Einwohner von 1688. Als Schulmeister wirkt Johann Andreas Feigler, der die offensichtlich zahlreich vorhandenen Kinder der lebenden wie der in den Kriegswirren umgekommenen Bürger unterrichtet. Gründung der Badischen Sprengkapsel -, Zündhütchen- und Munitionsfabrik 1897 auf Durlacher und Wolfartsweierer Gemarkung. Sie wird 1903 von der Firma Gustav Genschow & Co. übernommen. Bau des "Zündhütle" 1953, des Schrotturmes auf dem Gelände der Genschow & Co. AG, die 1963 an die Dynamit Nobel AG übergeht. 1972 stellt die Firma Dynamit Nobel AG ihren Betrieb ein, womit fast 350 Arbeitsplätze verloren gehen.

Der am 13. Dezember 1972 unterzeichnete Eingemeindungsvertrag tritt zum 1. Januar 1973 in Kraft. Der Gemeinderat mit Bürgermeister Hermann Ringwald hatte sich am 29. November 1972 anders als die Wolfartsweierer Einwohner für die Eingemeindung entschieden. Der Ort zählt 2.605 Einwohner.

Der Übername Stickel rührt von folgender Begebenheit:
Gegen Ende der Ritterzeit hauste auf einer Burg am Berghang in Wolfartsweier ein Raubritter. Er wurde nur der bissige Wolf genannt und war für die Bewohner der Umgebung eine wahre Plage. Da hörte auch der Kaiser von der Not der Bewohner und zog mit einer kleinen Truppe vor die Burg, um das Räubernest auszuheben. Doch das Burgtor hielt Tag um Tag, Woche um Woche der Belagerung stand. Als die Vorräte in der Burg dem Ende zugingen, mußte der Raubritter einen Ausfall wagen. Dieser überraschte die Belagerer derart, daß sie zurück in die Ortschaft

flüchteten und bei den Bewohnern um Unterstützung nachfragten. Allein an Waffen fehlte es den Wolfartweirern. Kurz entschlossen riß ein jeder auf des Schulzen Befehl von den Zäunen der Hausgärten einen starken, spitzen Pfahl (in der Mundart: Stickel) ab. So bewaffnet fielen die tapferen Wolfartsweierer den Mannen des Raubritters in den Rücken und konnten sie vernichtend schlagen. Im Triumpfzug zog der Kaiser im benachbarten Durlach ein. Die tapferen Wolfartsweirer durften an der Spitze des Zuges marschieren. Allen voran schritt der tapfere Schulze mit einem Schild, auf dem zu lesen war:

"Wir sind die tapfern Stickel
wir schlagen kräftig drein
mit Piken und mit Stickeln
gleich alles kurz und klein."

Und so wurden aus den Wolfartsweirern die Stickel.

Eggenstein-Leopoldshafen

Eggenstein-Leopoldshafen   "Krabbe"

Die Gemeinde Eggenstein wird urkundlich erstmals im Jahre 765, im sogenannten "Lorscher Kodex" erwähnt. Bis Mitte der 50er Jahre hatte die Gemeinde Eggenstein eine bäuerliche Struktur, woher auch der Name des Ortes stammen mag.
Seinerzeit waren in Eggenstein über 30 Gärtnereien registriert, die täglich mit ihren Frischangeboten von Gemüse, Salat und Blumen die Märkte der Umgebung belieferten.

Bis heute hält sich hartnäckig das Gerücht, die Bezeichnung Krabben beziehe sich auf die mundartliche Entsprechung für die schwarzen Krähenvögel, die sich laut krächzend auf Feldern und Bäumen tummelten. Insbesondere von Leopoldshafener Seite wird manchmal spöttisch - liebevoll behauptet, daß typische Eigenschaften dieser Tiere ihre Entsprechung in der Wesensart eines Eggensteiners hätten.

Tatsächlich reicht der Name Krabben jedoch bis in die Anfangsjahre des 19. Jahrhunderts zurück: das napoleonische Europa war französisch geprägt und auch in Eggenstein gingen die Bauern vermehrt dazu über, die Färberpflanze Krapp anzubauen, die zum Rotfarben der französischen Militärhosen diente. Die neuerliche Einnahmequelle soll in Eggenstein so manches Mal in einem Debakel geendet haben: die Bauern, die ihre Erzeugnisse zum Verkauf nach Karlsruhe gebracht hatten, kehrten nach Eggenstein mit leerem Geldbeutel, dafür aber in um so angetrunkenerem Zustand zurück. Von dem daraufhin von den Nachbargemeinden verliehenen Spitznamen Krapplumpen blieb bis heute die Bezeichnung Krabben übrig.

Eggenstein-Leopoldshafen "Schröcker"/ "Hatzeln"

Die Gemeinde Leopoldshafen geht auf eine hochmittelalterliche Gründung oder Rodung vor 1100 zurück. Urkundlich erwähnt wurde sie erstmals im Jahre 1160 mit dem Namen des Hofes "Schräg" oder "Schreke" für das spätere "Schröck", was nach dem damaligen Sprachgebrauch soviel wie "Ort am Hochufer" bedeutete.
Am 31.3.1833 verlieh Großherzog Leopold von Baden der Gemeinde Schröck den Namen "Leopoldshafen". Auf der Gemarkung von Leopoldshafen wurde der erste Karlsruher Rheinhafen erbaut, der bis Anfang des 20. Jahrhunderts eine bedeutende wirtschaftliche Funktion in der Region hatte.

Beinahe könnte ob der häufigen Verwendung des alten Namens Schröcker als Übernamen in Vergessenheit geraten, daß die Bewohner des Ortsteils Leopoldshafen bei ihren Nachbarn in Wirklichkeit mit einem ganz anderen Namen verschrien waren: als Hatzeln. Im einheimischen Sprachgebrauch werden damit Elstern bezeichnet, denen ja bekanntlich ein besonders diebisches Wesen nachgesagt wird.
Vor dem Hintergrund, daß die Bevölkerung des Örtchens bis ins 20. Jahrhundert hinein im allgemeinen als wenig materiell begütert galt, mag sich der aufmerksame Leser die Zusammenhänge selbst erschließen. Noch heute hält sich im Ortsteil Eggenstein die spöttische Erzählung, daß die Schröcker ihre Kirchweihfeier in alten Zeiten notgedrungen eine Woche

nach der von Eggenstein abgehalten hätten, um sich von den wohlhabenderen südlichen Nachbarn die Kuchenbleche ausborgen zu können.

Stutensee

Stutensee-Friedrichstal "Franzosen"

1699 gestattete Markgraf Friedrich Magnus von Baden-Durlach wallonischen Glaubensflüchtlingen, die erst wenige Jahrzehnte zuvor in der Pfalz ansässig geworden waren und infolge des Ausweisungsbefehls Kurfürst Johann Wilhelms die Pfalz wieder verlassen mußten, die Ansiedlung im gerodeten Hardtwald links der Hecklach und auf unbebauten Ländereien der Gemeinde Spöck.
Am 14. November 1699 wurden, nach einer Vorbesprechung zu Blankenloch in Gegenwart einiger Deputierter der Kolonie von Glaubensflüchtlingen, zum Zwecke der Zuteilung von Parzellen ein Lageplan mit 25 Häusern und einem Brunnen in der Mitte angefertigt, wobei das Häuserquadrat nach Osten hin offen bleiben sollte. Die Kolonie, gelegentlich auch "der neue Hardtort" genannt, sollte nach Oberamts- und Hofratsberichten vom 9. März 1700 bestenfalls 30 Familien aufnehmen können. Am 1. Februar 1700 gab es in Friedrichstal 23 "Chefs des familles". 29 Jahre später waren es bereits 40 Familien. Alsbald nach erfolgter Einweisung der Siedler in ihre Wohnplätze wurde der neuen Kolonie durch den Markgrafen der Name "Fridericiana Vallis", zu deutsch Friedrichstal, gegeben, und zwar durch Dekret vom 18. Juli 1700, was damit auch als Geburtstag der Hugenottengemeinde anzusehen ist.
Die ursprüngliche Anlage des Dorfes nach wallonisch-französischem Muster ist im großen und ganzen, besonders was den Teil um den Dorf- und Marktplatz herum betrifft, unverändert geblieben.

Da die ersten Siedler ausschließlich Franzosen waren und in den folgenden Jahren nach Gründung des Ortes trotz erneuter Zuwanderungen isoliert fast nur unter Ihresgleichen blieben, lag die Bezeichnung Franzosen für die Friedrichstaler als Übername auf der Hand Der Friedrichstaler Übername ist damit vielleicht der einzige Übername dieses Buches, der bei seiner Entstehung zu 100 % aus Wahrheit bestand.

Stutensee-Blankenloch "Marder" / "Rotbärzel"

Auf dem trockenen Westrand der Kinzig-Murg-Rinne entstand als eine der erst in jüngerer Zeit erwähnten Siedlungen Blankenloch. Die Felder der Ortschaft befanden sich auf der Niederterrasse, während die östlich davon gelegenen Bruchlandschaft des Kinzig-Murg-Flusses vorwiegend als Weide und Wiesengelände genutzt wurde. Die Ortschaft wird am 15. Februar 1337 erstmals urkundlich erwähnt.
Der Name Blankenloch wird in einem Beitrag zur Heimatkunde von Prof. O. Heilig aus dem vorletzten Jahrhundert als vom althochdeutsche Wort blanc (glänzend, blinkend) abstammend erklärt, was soviel wie "glänzende, helle Lache" bedeuten würde. Hilfsweise wäre auch die Eigennamendeutung als "Wald des Blancho" möglich. "loh" kann für Lache, stehendes Wasser, Rodung im Wald, oder aber Busch stehen.

Recht modebewußt waren die Blankenlocher Damenwelt, die sich den Berichten nach mit dem Ende des 19. Jahrhunderts bald der neuen Mode aus der Stadt unterwarfen. Bis dahin trug man einen langen dunklen Rock mit Schnürleibchen, einen einfachen farbigen Kittel und ein bis oben geschlossenes Hemd, bei dem die Ärmel lang getragen wurden. Der rote Unterrock, der beim Bücken während der Feldarbeit sichtbar wurde, soll der Grund dafür gewesen sein, warum die Blankenlocher mit dem Spitznamen "Rotbärtzel" bedacht wurden.
Die Entstehung und Bedeutung des zweiten Übernamens "Marder", der sich in älteren Quellen findet, ist heute leider nicht mehr nachvollziehbar.

Stutensee-Büchig "Kleine Schweiz"

Was für die meisten anderen Siedlungen gilt, trifft auch für Büchig zu: der Ort ist älter als die erstmalige schriftlich belegte Nennung aus dem Jahre 1399.

Die Deutung des Namens Buchech wird auf das althochdeutsche Wort "buahahi" zurückgeführt, also auf einen Ort, der von Buchen umgeben ist. Während Rintheim, Hagsfeld und Blankenloch und andere Orte am Rande der Kinzig-Murg-Rinne liegen, entstand Büchig auf einer Niederterrasse, Tung genannt. Die heutige Schreibweise Büchig erfolgte erstmals 1577. Der Ort war seit dem Mittelalter badisch und gehörte mit der Landesteilung zur Markgrafschaft Baden-Durlach. 1936 wurde Büchig dann nach Blankenloch eingemeindet.

In die Regierungszeit von Markgraf Friedrich VII. Magnus (1677 - 1709) fielen die französischen Raubkriege mit der Verwüstung der Oberrheinlande. Im heißen August von 1689 wurden Blankenloch mit Büchig und alle Nachbarorte und Städte gebrandschatzt. Von 1689-1697 wurde die Landeszentralverwaltung nach Basel verlegt. Friedrich holte in der Zeit des Mangels an Gütern, Futter und vor allem an Menschen Glaubensflüchtlinge aus Tirol, der Schweiz und Frankreich in seine Markgrafschaft, so auch nach Friedrichstal und Büchig. Die Bezeichnung "Kleine Schweiz" für Büchig, die sich, anders als die Bezeichnung Franzosen für Friedrichstal, leider immer mehr verliert, könnte doch einen Funken Wahrheit in sich bergen.

Stutensee-Spöck

Spöck, was althochdeutsch soviel wie Rute bedeutet, wovon sich der Sammelbegriff spahahi oder sepechi (specki), d.h. Rutengeflecht oder "Damm mit Rutenflechtwerk und Erde", ableitet, ist sicherlich eine uralte Siedlung, deren Ursprung weit in vergangene Jahrhunderte hinein ragt, so daß das Dorf auf eine mehr als 2000jährige Geschichte zurückblicken kann.
Dem Namen nach war die ursprüngliche Keimzelle der Siedlung mit einem Damm aus Geflechten mit Erde umgeben, sicherlich als Schutz vor den häufigen Hochwassern des Rheins.
Spöck tritt als Speccha erstmals in einer Schenkungsurkunde König Ludwigs des Deutschen an den Speyerer Bischof Gerhard vom 19. Juni 865 in die Geschichte ein. Im 13. Jahrhundert erlangten die Markgrafen von baden die hohe Obrigkeit über den Ort, den sie zeitweilig an den niedrigen

48

Adel verpfändeten. Seit dem 16. Jahrhundert gehört Spöck dann unmittelbar zur Markgrafschaft Baden-Durlach und bildete mit Staffort zusammen ein eigenes Amt.

Spöck hat, im Gegensatz zu Weingarten, wo wenigstens der Ortsname die Nachbarn zur Schaffung eines Übernamens verleitete, keinen heute mehr bekannten, nachweisbaren Übernamen.

Stutensee-Staffort "Holzschuh"

Der erstmals 1110 als Stafphort (althochdeutsch für "stete Furt") erwähnte Ort ist, wie es der Name sagt, an einer Furt über die Pfinz entstanden. Die zum Schutz des Flußübergangs erbaute Burg ging im 14. Jahrhundert an die Markgrafen von Baden über und wurde 1689 von den Franzosen zerstört.
Der Ort selbst kam in der ersten Hälfte des 15. Jahrhunderts als bischöflich speyrisches Lehen an die Markgrafen und wurde von diesen zeitweise an den Niederadel verpfändet. Das im Spätmittelalter für Staffort und Spöck eingerichtete Amt Staffort bestand bis ins 18. Jahrhundert.

Es steht nicht genau fest, seit wann in Staffort Holzschuhe hergestellt werden. Jedenfalls ist die Holzschuhmacherei in Staffort ein alteingesessenes, bodenständiges Handwerk. Möglicherweise wurde es von den zahlreichen Zimmerleuten aus Holland, wo ja die Holzschuhe seit Jahrhunderten zu Hause sind, nach Staffort gebracht. Sie waren zu Ende des 17. Jahrhunderts durch den Markgrafen in die Hardt geholt worden, um die im Hardtwald gefällten Bäume zu Flößen zusammenzusetzen und auf dem Wasser nach Holland zu bringen.
Seit denkbaren Zeiten waren immer fünf bis sechs Holzschuhmacher in Staffort tätig. Im Jahre 1870 wurde amtlich bestätigt, daß sechs Holzschuhmacher in Staffort ansässig waren.
Im Frühjahr zogen die Holzschuhmacher mit ihren Handschubkarren los, um die im Winter gefertigten Schuhe bis ins untere Rheintal hin zu verkaufen.

Diese fleißigen Handwerker, deren Berufszweig heute gänzlich ausgestorben ist, verschafften so ihrem Heimatort den bis heute gebräuchlichen Übernamen "Holzschuh".

Weingarten

Weingarten "Wengerter"

Weingarten wird bereits vor über 1000 Jahren, wie es auch noch heute sein Ortsname ausweist, als ein Weingarten der Mönche des Klosters Weißenburg erstmals als "Wintgarten ultra Rhenum" (lat.: jenseits des Rheins) in Urkunden erwähnt. Ausgrabungen aus der Bronzezeit und aus der Merowingerzeit belegen, daß der Ort noch älter ist und seine Geschichte wahrscheinlich bis in die Mitte des 6. Jahrhunderts zurückreicht.

Im 12. und 13. Jahrhundert besaß Weingarten einen Ortsadel, die Herren von Weingarten. Ihre Burg am Streitäcker gaben sie um 1150 auf, Reste der Burganlage sind in geringerem Umfang noch heute im Tal vorhanden.

Anschließend gehörte das Dorf den Herren von Schmalenstein, einem alten Rittergeschlecht.

Mönche aus Weißenburg, Hirsau, Herrenalb und Nonnen aus Frauenalb besaßen seit der Ortsgründung Rebland in Weingarten; der Weingartner Weinbau ist seit dem 10. Jahrhundert durch zahllose Urkunden belegt. Bis heute gibt es viele Weinbauern in Weingarten, die in der bekannten örtlichen Winzergenossenschaft zusammengeschlossen sind.

Weingarten ist der einzige Ort der an Karlsruhe grenzenden Gemeinden dieses Buches, der außer dem vom Ortsnamen abgeleiteten Rufnamen "Wengerter" für seine Einwohner keinen Übernamen anderer Herkunft aufweisen kann.

Pfinztal

Pfinztal-Berghausen "Berghasen"

Berghausens Ortsname, bereits im Jahre 767 erstmals schriftlich erwähnt, setzt sich aus zwei Wortteilen zusammen. Während die zweite Hälfte - hausen klar zu erklären ist, nämlich als Plural des althochdeutschen Wortes "hûs", was soviel wie "Anzahl von Einzelhöfen" oder "Anzahl von Gehöften" bedeutet, ist die erste Namenshälfte gegen den ersten Anschein schwieriger zu deuten.

Bei oberflächlicher Betrachtung läge die Bedeutung "Siedlung auf dem Berg" nahe. Gegen diese Deutung sprechen allerdings schon die lokalen Gegebenheiten; die Gemarkung Berghausens ist höchstens hügelig. Der Name Berghausen erscheint 767, 771 und 785 als "Barchausen". Parc, barc, barch, barg oder paruc bedeutete im alt- und mittelhochdeutschen zweierlei: erstens "verschnittener Eber" und zweitens "Heustadel" oder "gerüstartige Scheune". Da von einer Zucht von Ebern in größerem Ausmaße an diesem Ort nichts bekannt ist, ist also davon auszugehen, daß der zweiten Bedeutung der Vorzug zu geben ist. Berghausen bedeutet damit soviel wie "Häuser bei den Heustadeln" (hûsen bi den bargen)

Berghasen wurden die Berghausener wahrscheinlich weniger durch die zahlreichen Hasen in den umliegenden Wäldern als viel mehr durch das Fallenlassen eines Vokals im Ortsnamen, was ohne großen Aufwand einen netten Necknamen für die Berghausener Berghasen ergab.

Pfinztal-Kleinsteinbach "Rotmäntel"

Das Dorf Kleinsteinbach, im Tal der Pfinz gelegen, tritt erst spät in das Licht der Geschichte. Seine erste urkundliche Erwähnung findet es anno 1328 als "Nidern Steinbach". Der Name rührt vom Bocksbach her, der auch Langensteinbach zu seinem Namen verhalf. Der Name Kleinsteinbach ist somit das ergänzende Gegenstück zum Ortsnamen Langensteinbach. Von der Existenz Kleinsteinbachs schon zu Zeiten der Römer zeugen zahlreiche Ausgrabungsfunde wie zum Beispiel der Viergötterstein aus der

Zeit von 60 n.Chr. bis 250 n.Chr., der heute im Badischen Landesmuseum besichtigt werden kann. Ebenfalls wurden aus der fränkischen Zeit Gräber, zum Teil mit Beigaben versehen, entdeckt. Vom 14. bis ins 16. Jahrhundert hinein verfügten die Herren von Remchingen als Lehensleute der badischen Markgrafen über Kleinsteinbach. Die Wasserburg derer von Remchingen lag in der Nähe im Wiesental nahe der Pfinz, auf dem Gelände des heutigen Schloßbades. Ein großer Hügel zeigt heute noch den Standort der einstigen Burganlage.

Burg und Dorf Remchingen wurden in den Franzosenkriegen 1692 zerstört, auch Kleinsteinbach wurde verwüstet und ausgeplündert und in der Folgezeit noch des öfteren geplündert und gebrandschatzt.

Bis ins 19. Jahrhundert war Kleinsteinbach mit wenigen Ausnahmen ein Bauerndorf. Erst mit dem Eisenbahnbau von 1859 änderte sich die Situation und ein sozialer und kultureller Umbruch setzte ein.

Am 01.01.1974 fusioniert die beinahe 650 Jahre alte Gemeinde zusammen mit Berghausen, Söllingen und Wöschbach zur Gemeinde Pfinztal.

Die Bezeichnung Rotmäntel für die Kleinsteinbacher soll daher rühren, daß die Ritter vom Schlößle oder von Remchingen, deren Untertanen die Kleinsteinbacher einst waren, gewöhnlich in roten Mänteln aus ihrer Burg ausritten.

Pfinztal-Söllingen "Dorndreher" / "Rahmenschnecken"

Söllingen wird urkundlich am 7. Juni 1085 erstmals im Codex Hirsaugiensis als Saldingen erwähnt. Der Abt Bruno aus dem Geschlecht derer zu Beutelsbach schenkte den Mönchen des Klosters Hirsau fünf Hufen Land zu Saldingen.

Sicher ist, daß Söllingen eine der ersten Siedlungen im Pfinztal war. Dafür spricht der heute noch ansehnliche Umfang der Gemarkung mit 1244 ha. Dazu zeigt die ursprüngliche Form des Ortsnamens an, daß hier eine germanische Sippe, die Angehörigen des Seldo einen Wohnsitz gefunden oder gegründet haben.

Später kam der Ort wie andere Orte in der Umgebung in den Besitz des Klosters Weißenburg. Bis in das vergangene Jahrhundert hinein lebten die Bewohner des Ortes überwiegend von der Bewirtschaftung ihrer Felder.

Dorndreher wurden die Söllinger durch folgende Begebenheit: Weil die Bewohner umliegender Ortschaften sich darüber lustig gemacht hatten, daß die Söllinger Bauern vom Feld aus nicht die Kirchturmuhr ihres Dorfes sehen konnten, deren Zifferblatt nur in eine Richtung wies, drehten die cleveren Söllinger kurzerhand die Turmspitze (im Dialekt "Dorn"), bis die Uhr auch vom Feld aus abgelesen werden konnte. Diese Variante der Entstehung des Söllinger Übernamens ist allerdings sehr umstritten und wahrscheinlich erst in jüngerer Zeit entstanden. Eine andere Variante ist allerdings nicht ausfindig zu machen.

Die Entstehung und Bedeutung des Übernamens Rahmschnecken ist ebenfalls heute leider nicht bekannt.

Pfinztal-Wöschbach "Ölfunzle" / "Ölweiber"

Die Gründung des Ortes Wöschbach fällt wohl in das 11. Jahrhundert. Die erste urkundliche Erwähnung des Ortes stammt aus dem 13. Jahrhundert. Ein Otto von Bruchsal verkaufte im Jahre 1281 an das Domkapitel in Speyer "5 Höfe samt 204 Leibeigene". In der über den Verkauf ausgestellten Urkunde wird Wöschbach erstmals als Wesebach erwähnt. Die Ortsnamen von Wöschbach und von Wössingen (Wesungen im Jahre 1150) sind beide auf die selbe Sprachwurzel, den Personennamen Weso, zurückzuführen. Wössingen bedeutet: "bei den Sippenangehörigen des Weso", Wöschbach bedeutet "Bach des Weso". Wahrscheinlich ist also dieser Weso als Gründer des heutigen Wöschbach anzusehen.

Ihren Übernamen erhielten die Wöschbacher in jenen längst vergangenen Tagen, in denen die männliche und teilweise auch die weibliche Bevölkerung des Ortes jeden morgen zu Fuß von Wöschbach zur Arbeit in die Fabrik bis nach Grötzingen oder gar Durlach laufen mußten, um überhaupt eine Anstellung zu finden. Die Dorfbewohner, die keine Beschäftigung fanden, waren meist in Wöschbach als Maurer beschäftigt. Der Verdienst als Maurer reichte aber hinten und vorne nicht aus, um eine Familie zu ernähren. So kamen die Wöschbacher Frauen auf die Idee, als Zubrot für ihre Haushaltskasse Speiseöl an die Einwohner in den Nachbarorten zu verkaufen. Durch ihre emsige Verkaufstätigkeit wurden die Wöschbacher Frauen alsbald zu "Ölweibern" oder "Ölfunzeln", was heute der Übername für alle Wöschbacher geworden ist.

Karlsbad

Karlsbad-Auerbach "Russen" / "Kugelbaich"

Auerbach wird erstmals um das Jahr 1278 urkundlich als "Urbach" (althochdeutsch "ur" bedeutet Auerochse) erwähnt. Später entwickelte sich der Ortsname über "Awrbach"(1485), "Awerbach"(1605) und "Aurbach" (1614) hin zur heutigen Schreibweise. Das Gebiet um Auerbach war bereits 90 n. Chr. besiedelt, was Ausgrabungen und Funde belegen.
Ursprünglich im Besitz der Herren von Remchingen, dann Eigentum des Klosters Herrenalb, kam Auerbach in der Folgezeit an den Herzog von Württemberg und anno 1603 durch Tausch an den Markgrafen Ernst Friedrich von Baden - Durlach.

Die Auerbacher wurden von ihren Nachbarn im Laufe der Zeit mit zwei Übernamen versehen. Der weniger bekannte und gebrauchte von beiden Übernamen ist "Kugelbaich". Er ist wohl auf die oft stattlichen Leiber der Auerbacher zurückzuführen, die anscheinend ungewöhnlich gut gebaut gewesen sein müssen, daß ihre Anatomie auf diese Weise verewigt wurde.
Der weitaus gebräuchlichere Übername der Auerbacher "Russen" rührt von dem kalten Wind aus dem Tal Richtung Nöttingen her, der oft durch Auerbach zieht und sich in Richtung Langensteinbach fortsetzt. In Langensteinbach kommt er folglich aus östlicher Richtung, weshalb man ihn Russenwind nannte. So wurden die Auerbacher zu "Russen", und noch heute sagen alte Langensteinbacher, wenn sie jemand besuchen gehen, der in der Pforzheimer Straße, die nach Auerbach führt, wohnt, daß sie in die Ukraine gehen (Denn die Ukraine liegt ja bekanntlich vor Rußland).

Karlsbad-Ittersbach "Kuckuck"

Ittersbach wird erstmals 1232 urkundlich als "utelsbur" und später auch als "Utelsbach" erwähnt, was auf eine Entstehung des Ortsnamens aus dem Besitzanspruch des Utel deuten könnte: "Besitz- und Nutzungsrecht des Utilo". Ittersbach wurde nach dem 30-jährigen Krieg endgültig badisch und dem Amt Langensteinbach unterstellt.

Durch Industrieansiedlung im Jahre 1854 konnten die wirtschaftlichen Verhältnisse des bis dahin reinen Wohnortes verbessert werden. Neue Verdienstmöglichkeiten bescherten auch die Kalksteinbrüche und Ziegelbrennereien. Nach dem Zweiten Weltkrieg erfuhr der Ort einen wirtschaftlichen Aufschwung durch moderne Industrie, die nicht nur den deutschen, sondern auch den internationalen Markt eroberte. Das Industriegebiet ist zwei Kilometer vom Ort ausgelagert und ist unter anderem Hauptsitz der Firma Becker Autoradios.

Die Entstehung des Ittersbacher Übernamens soll auf folgende, länger zurückliegende Begebenheit zurückgehen: Vor langer Zeit wollten die Ittersbacher einmal einen Kuckuck fangen, der sich im Ort auf einem Baum niedergelassen hatte.

Man erzählt, daß die Ittersbacher auf die Idee kamen, einen Zaun um den Baum zu errichten, auf dem der Kuckuck saß. Es wurde an alles gedacht, sogar eine Tür im Zaun wurde nicht vergessen. Leider mißlang den schlauen Ittersbachern das Vorhaben, da der Kuckuck zu aller Erstaunen kurz vor Fertigstellung der Baumaßnahme nach oben herausflog und auf Nimmerwiedersehen verschwand. Seither werden die Ittersbacher von ihren Nachbarn gerne "Kuckuck" genannt.

Karlsbad-Langensteinbach "Oierkuchepanscher"

Langensteinbach hat eine Dorfgeschichte, die bis ins Jahr 1197 zurückreicht. Der Ortsname stammt wahrscheinlich vom 1958/59 verdohlten steinigen Bocksbach, der durch den langgestreckten Ort verlief und früher Steinbach hieß. In der Ortschronik sind Epochen aufgezeichnet, in denen der Ort ebersteinisch, herrenalbisch, frauenalbisch, württembergisch und schließlich badisch gewesen oder geworden war.

Langensteinbach war im 18. Jahrhundert weit über die Grenzen hinaus als Fürstenbad berühmt. So errichtete Markgraf Karl Wilhelm von Baden 1719 unterhalb der Barbarakapelle mehrere Badegebäude, die, nach versiegen der Heilquelle gegen Mitte des vorletzten Jahrhunderts, zum Teil noch heute, inzwischen versetzt, als Wohnhäuser am Ortsausgang Ettlingens zum Albtal hin bewundert werden können.

Allerseits bekannt ist die große Tradition der Herstellung von Eierkuchen in der Langensteinbacher Küche. Während manche meinen, der Name "Oierkuche" stamme vom alten Langensteinbacher Ortswappen, das eine Pflugschar zeigt, die auch leicht mit einer Schaufel, wie sie zum Wenden von Eierkuchen verwendet wird, verwechselt werden kann, favorisieren andere die Geschichte, die sich zu Beginn des vergangenen Jahrhunderts zugetragen haben soll.

Während der damals üblichen Militärparaden habe einmal eine Langensteinbacherin geprahlt, Eierkuchen " bis unners Dach nuff " zur Verköstigung der Soldaten gebacken zu haben. Anscheinend wurden also die hungrigen Soldaten in Langensteinbach so gut mit Eierkuchen versorgt, daß der Name dem Ort heute noch als Übername anhaftet.

Karlsbad-Mutschelbach "Schmierbrenner"

Als sich am 1. September 1971 die Orte Auerbach, Ittersbach, Langensteinbach, Mutschelbach und Spielberg zu einer neuen Gemeinde mit dem Namen Karlsbad zusammenschlossen, ging für jede von ihnen eine bewegte Dorfgeschichte zu Ende.

Die Herkunft des Namens Mutschelbach kann heute nicht mehr eindeutig geklärt werden. Möglich ist die Herleitung über Muscheln, die es früher einmal im Bocksbach, der den Ort durchfließt, gegeben haben mag.

Bis in das Jahr 1278 zurück reicht die Mutschelbacher Geschichte. Ursprünglich aus drei Dörfern (Ober-, Mittel- und Untermutschelbach) bestehend, gewährten die Mutschelbacher nach dem 30-jährigen Krieg um das Jahr 1701 französischen und waldensischen Flüchtlingen Asyl und gaben ihnen so eine neue Heimat. Mutschelbach selbst wurde so von den vertriebenen Waldensern vor dem Aussterben bewahrt.

Im 18. Jahrhundert bestellte der Markgraf Karl Wilhelm von Baden 11 Familien nach Mutschelbach und teilte ihnen 30 ha Wald zu. Der Saft der dort wachsenden Forlen wurde benutzt, um Wagenschmiere zu kochen. Auf dem heutigen Reisigplatz in Mutschelbach standen die Öfen zum Einkochen, was anhand von Brandspuren rekonstruiert werden konnte.

Durch ihre markgräfliche Produktiontätigkeit kamen die Obermutschelbacher so zu ihrem Übernamen, der heute für alle Mutschelbacher gilt.

Früher hatten die Untermutschelbacher zwei eigene Übernamen: "Kienstumpe" und "Kiwwelesscheißer", wobei sich die Entstehung des Ersten mit der Forsttätigkeit erklären läßt und Zweiter sich auf den Brauch vieler Bauern in der Vergangenheit bezieht, ihr "Geschäft" auf Kübeln sitzend zu verrichten, um damit später die eigenen Felder zu düngen.

Auch "Käskistler" ist noch als Übername für die Mutschelbacher bekannt, die Bedeutung allerdings nicht mehr zu ermitteln.

Karlsbad-Spielberg "Gockler"

Spielbergs erste urkundliche Erwähnungen ("daz dorf ze spielberch") gehen auf das Jahr 1281 zurück. Zunächst württembergisch kam es durch Tausch 1603 an Baden. Der Ortsname kommt wahrscheinlich von einem römischen Wachturm (Speculae, dtsch. Spiegel oder kurz Spiel), der früher auf der Spielberger Anhöhe existiert hat.

Ettlingen war eine römische Militärkolonie, welche mit mehreren in der Nähe auf höher gelegenen Punkten befindlichen Wachtürmen in Verbindung stand. So waren unter anderem auch in Burbach und Pfaffenrot Wachtürme, weil auch dort von Ettlingen eine alte Römerstraße entlang führte. 1899 fand man in der Nähe von Spielberg im "Steinmäuerlein", Gewann Strohbusch, Reste einer römischen Villa. Somit ist auch die Existenz eines Wachturms auf dem Spielberger Bergrücken vorstellbar.

Als Spielberg in den Zeiten des häufigen Glaubenswechsels evangelisch wurde, mußte auch die ehemalige katholische Kapelle in eine evangelische Kirche umgewandelt werden. Die Gemeinde war aber zu arm, um sich einen Hahn zur Zierde der Kirchturmspitze anzuschaffen.

Nun waren die Spielberger der Meinung, daß ihnen Langensteinbach helfen müssen, da der Ort politisch dem Amt Langensteinbach zugeteilt und auch kirchlich eine Filiale von Langensteinbach war. Da von dort aber ein entsprechender Antrag abgelehnt wurde, kam den Spielbergern eines Tages das Schicksal zu Hilfe.

Ein Sturm hatte den Hahn von der Langensteinbacher Kirche geworfen. Die Spielberger erkannten die Gelegenheit und ließen den Hahn kurzerhand mitgehen.

Lange suchten die Langensteinbacher nach dem spurlos verschwundenen Hahn (im Volksmund Gockler), bis sie ihn eines Tages auf dem Spielberger Kirchturm erblickten. Natürlich mußten die Spielberger das Diebesgut wieder herausrücken und wurden deshalb von ihren Nachbarn seit dem und bis heute mit dem Übernamen "Gockler" geneckt.

Waldbronn

Waldbronn - Busenbach   "Griewewirschd"

Die Busenbacher, wie ihre Reichenbacher und Etzenroter Nachbarn erstmalig Ende des 13. Jahrhunderts urkundlich erwähnt, stammten ursprünglich vermutlich ebenfalls aus Ettlingen, eventuell aus Grünwettersbach, und lebten viele Jahrhunderte überwiegend von ihren land- und forstwirtschaftlichen Erzeugnissen und deren Verkauf.

An dem für die Landwirtschaft so wichtigen Wasser gründeten die Busenbacher, wie ihre Reichenbacher Nachbarn auch, ihre Siedlung am Ostbuckel der Klamm, die damals noch reichlich Wasser dem Albtal zuführte. Dieser Ostbuckel, im Volksmund Busen genannt, verhalf Busenbach zu seinem Ortsnamen. Möglich erscheint auch die Herleitung über einen Eigennamen: "Bousenbach" als "Bach des Buso" (1292).

Als im 18. Jahrhundert im Zuge der Industrialisierung im Albtal die Fabrik der Spinnerei und Weberei entstand, folgten die Busenbacher dankbar dem Ruf der neuen Zeit und zogen fortan die sicherlich auch nicht immer einfache Arbeit in der Fabrik der Feldarbeit vor. Der Weg zur Arbeit wurde überwiegend zu Fuß zurück gelegt, da es Mitte des 19. Jahrhunderts noch keinerlei regelmäßig verkehrende Transportverkehrsmittel gab, und später die Fahrkarte der Albtalbahn auch nicht für jedermann erschwinglich war.

Verglichen mit ihren Kollegen, die teilweise aus Pforzheim morgens zu Fuß zur Arbeit in die Fabrik kamen, hatten die Busenbacher mit den kürzesten Weg zur Arbeit. Um den langen Tag in der Fabrik ohne Hunger leiden zu müssen zu überstehen, wurden morgens zu Hause große Vesperpakete gerichtet.

Die Pakete der Busenbacher, die regelmäßig die größten Griebenwürste enthielten, verhalfen ihren hungrigen Besitzern so zu ihrem Übernamen.

Waldbronn - Etzenrot "Heidebückel"

Die Etzenroter Siedlungsgründer waren, als Teil der Ettlinger Auswanderergruppe, die im 12. Jahrhundert auch Reichenbach und Busenbach gründete, an den Hängen des Albtals in Höhe des heutigen Gasthofes Neurod auf eine wasserführende Klamm gestoßen und dem "Hetzelsbach" zur Quelle hinauf gefolgt.

Sie gründeten ihre erste Ansiedlung nahe dem heutigen Gasthaus "Hirsch" und benannten ihren Ort wohl nach der Lage der Rodung an der Quelle des Hetzelsbaches.

Eine weitere Deutungsmöglichkeit wäre eine Rodung unter Schutz und Schirm der Ebersteiner Herren ("Ebercenrode"), auch möglich wäre die Auslegung als Eigenname: "Rodung des Eberzo".

Die Entstehung des Übernamens läßt ebenfalls zwei Deutungsmöglichkeiten zu: In der Zeit vor einer Wald- und Felderbewirtschaftung nach heutiger Prägung trieben die Etzenroter das dörfliche Borstenvieh zur Eichelmast in den ausgedehnten Eichenwald, der den Hügel - "Buckel" - zwischen Hetzelsbach und seiner Quelle damals noch bedeckte. Weideflächen hießen seinerzeit im Volksmund

"Heiden". Daraus ergab sich dann wie von selbst der Neckname "Heidebückel".

Auch möglich ist die zweite Entstehungsvariante: Etzenrot war lange ohne Kirchenbau. Die Ortskirche wurde erst 1927 fertiggestellt. Daher ist es gut möglich, wenn die Einwohner Etzenrots von den Bewohnern der Nachbarorte oft, und sicher nicht ohne einen Anflug von Boshaftigkeit, im Sinne eines gottlosen "Heidendorfes" bzw. "Heidenbuckels" als "Heidebückel" tituliert wurden.

Waldbronn - Reichenbach   "Rauchschwalben"

Reichenbach, bereits 1292 in einer Urkunde des Klosters von Herrenalb erstmalig erwähnt, wurde gegen Ende des zwölften Jahrhunderts wahrscheinlich von Ettlinger Bauern im Zuge der Erschließung neuer Siedlungsräume im Albtal gegründet.

Dem Albtal folgend, erklommen die ersten Siedler den Hang, der heute Teil des Kurparks ist, und erbauten auf der baumlosen Höhe ihre ersten Häuser. Umgeben von reichen Wasservorkommen verschiedener Quellen, wurde die Siedlung Reichenbach genannt.

Die Entstehung des Übernamens ist nicht eindeutig geklärt. Sicher ist jedoch, daß er, verglichen mit der Entstehungszeit der Übernamen der Bewohner der Nachbarorte, erst vor verhältnismäßig kurzer Zeit entstanden ist, wohl etwa vor 100-150 Jahren.

Die Siedler lebten fast ausschließlich von der Landwirtschaft, was in den letzten Jahrhunderten nicht immer einfach war. Aber die Reichenbacher Frauen waren erfinderisch und besserten den knappen Verdienst ihrer Familien mit dem Verkauf heimgefertigter Produkte auf. Diese verkauften sie im Ort selbst und in den Nachbarorten, wohin die Reichenbacher Frauen meistens an den Wochenenden wie die Rauchschwalben ausschwärmten und so ihrem Ort zu seinem Übernamen verhalfen.

Seit 1972 mit den Nachbarorten Etzenrot und Busenbach zur Gemeinde Waldbronn verschmolzen, ist Waldbronn heute, nicht zuletzt durch den Betrieb von Thermen, Kureinrichtungen und der Ansiedlung größerer Unternehmen eine wohlhabende Gemeinde.

60

Ettlingen

Ettlingen "Dohlenatze"

An der Kreuzung zweier ehemals wichtiger Handelsstraßen aus römischer Zeit durchfließt die Alb mit Ettlingen eine der ältesten Stadtgründungen Badens. Schon aus der prähistorischen Zeit des Mesolithikums (10000-5000 v. Chr.) fand man Reste von Lagerplätzen am rechten Albufer. Sicher nachgewiesen ist die Besiedelung während der Eisenzeit (8.-1. Jh. v. Chr.) durch keltische Stämme. Bedeutend für die Entwicklung der Stadt war die Römerzeit (1-3. JE. n. Chr.). Aus dieser Periode existieren wichtige Funde, darunter der Neptunstein, der für Ettlingen zum Wahrzeichen wurde.

788 wurde Ettlingen erstmals als "Ediningom" ("bei den Angehörigen des Etini") in einer Schenkungsurkunde an das Kloster Weißenburg im Elsaß erwähnt. Es entstand ein Herrschaftshof, der Ettlingen für den weißenburgischen Machtbereich zum Zentrum am rechten Rheinufer werden ließ.

965 gründete Kaiser Otto 1. hier einen Markt, dessen Oberaufsicht der Abt von Weißenburg hatte. Kaiser Heinrich VI. ernannte "Etiningun" 1192 zur Stadt mit allen Rechten und Pflichten. Badisch wurde Ettlingen im Jahre 1219, als Hermann V. von Baden die Stadt als Lehen von Kaiser Friedrich II. erhielt. Der Stadtname erhielt 1288 erstmals ein I : "Ettlingen", 1353 wurde daraus "Ettelingen", seit 1461 erstmals Ettlingen.

Die aus dieser Zeit teilweise noch heute erhaltene Stadtmauer hatte einst eine Höhe von 7 bis 8 Meter und umfaßte eine Länge von 1350 Meter. Der Zugang zur Stadt wurde über vier Tore gewährt. Der Albdurchgang war mit schweren Fallgittern gesichert. Kleine Kanäle, mit Albwasser gespeist, durchzogen die Stadt. Sie dienten der Aufnahme von Unrat sowie zur Brandbekämpfung. Ettlingen verfügte über die typische Struktur einer mittelalterlichen Stadt mit Rat, Gerichtsbarkeit und Zunftwesen. Die vorteilhafte Lage Ettlingens an der Alb trug wesentlich zu einer über Jahrhunderte währenden guten wirtschaftlichen Entwicklung der Stadt bei. Die Produkte der Mühlen, vor allem die der Papiermühlen, machten Ettlingen berühmt. Auch die Erzeugnisse der Gerber- und Wollweberei waren weithin bekannt. Bedeutend war zu jener Zeit auch der Weinanbau, wohl der einzige am Ufer der Alb. Der Wohlstand spiegelte sich in der

Errichtung schöner Brunnen und der Unterhaltung eines Spitals und Siechenhauses wider.

Die älteste Kirche von Ettlingen, die St. Martinskirche, taucht schon um das Jahr 900 in den weißenburgischen Urkunden auf. Als 1245 das Patronatsrecht an Baden überging, übertrug man dieses dem Kloster Lichtental, das von da an auch an den Einkünften teilhatte. Darüber kam es immer wieder zu Streitigkeiten mit der Ettlinger Bürgerschaft.

Dies könnte mitunter dazu beigetragen haben, daß in Ettlingen gegenüber den Gedanken der Reformation eine gewisse Aufgeschlossenheit bestand. Eine der ersten zustimmenden Schriften zu Luthers neuer Lehre stammte aus der Feder des Ettlinger Pfarrers. Mehrheitlich wechselte die Bürgerschaft in den nächsten Jahrzehnten ihren Glauben. Doch die Zugehörigkeit Ettlingens zur Markgrafschaft Baden-Baden war letztlich ausschlaggebend, daß die Stadt katholisch blieb, was durch die Gründung des Jesuitenkollegs 1661 unterstrichen wurde.

In diese Zeit fällt die Entstehung des Ettlinger Übernamens. Durch das Jesuitenkolleg, dessen Orden vom heiligen Ignatius von Loyola gegründet wurde, war es Brauch, daß damals viele Ettlinger Buben auf den Namen Ignaz getauft wurden und mit der Abkürzung "Naze" gerufen wurden.

Zu jener Zeit hatte Ettlingen, wie schon erwähnt, noch kein unterirdisches Abwassersystem. Die Abwässer flossen alle in muldenförmigen Gräben, die man Dohlen nannte, durch die Straßen der Stadt. Diese Dohlen waren mit Eisenplatten abgedeckt, auf denen jung und alt mit besonderer Vorliebe herum spazierte. Hauptsächlich waren es die männlichen Kirchgänger, die sonntags vor und nach dem Gottesdienst gerne auf den überdeckten Dohlen herum trippelten. Besonders den Ettlinger Buben machte es einen Heidenspaß, wenn sie mit ihren Holzschuhen auf den Platten einen gewaltigen Lärm vollführen konnten. So kam es, daß man die Ettlinger bald die "Dohlenatze" oder "Dohletreppler" nannte. Dieser Übername ist den Ettlingern bis heute erhalten geblieben.

Ettlingen-Bruchhausen   "Frösch"

Bruchhausen, erstmals 1102 als "villa Luitfriedswilri" erwähnt, liegt direkt neben Ettlingen in der Kinzig-Murg-Rinne. Diese ist der Überrest eines mächtigen Flusses, der einstmals entlang der Vorbergzone in östlicher Richtung floß. Als Keimzelle des späteren Bruchhausen wurde auf einer Sandinsel mitten im alten Flußbett der Kinzig-Murg-Rinne vom Adligen Luitfried eine Wasserburg erbaut.

Die Lage der Burg hat zur Folge, daß die an den jetzigen Ort angrenzenden Felder und Wiesen auch heute noch sehr feucht und sumpfig sind, obwohl die Gegend bereits vor Jahrhunderten entwässert wurde. 1363 taucht erstmals der Name "Bruchhüser" (Häuser im Bruch / Bruch = moorige Fläche) in Dokumenten zu einer Zeit auf, in der das Dorf im Besitz des badischen Markgrafen war.

Die Vorbergzone mit ihrem milden Klima und die feuchten Gebiete der Kinzig-Murg-Niederungen mit Mooren und Sumpfland mit entsprechender Feuchtvegetation zogen auch Amphibien an. In früheren Jahren gab es daher sehr viele Frösche in der unmittelbaren Umgebung von Bruchhausen. So wird Bruchhausen von den Nachbargemeinden auch heute noch "Froschbach" genannt, und seine Bewohner blieben bis heute die "Frösch".

Ettlingenweier "Bohnegringl"

Ettlingenweier ist im 11. Jahrhundert als Weiler von Ettlingen gegründet worden, was schon der Ortsname und die nächste Nachbarschaft zu Ettlingen vermuten lassen. Erstmals als "Owenswiler" erwähnt, veränderte sich der Ortsname im Laufe der Jahre über "Unswilre", "Underwyer", "Ußwyr" hin zur heute bekannten Schreibweise.

Von der Entstehung des Übernamens existieren die folgenden zwei Überlieferungen: In alter Zeit waren die meisten Einwohner von Ettlingenweier in der Landwirtschaft tätig. Immer wenn in Ettlingen Markttag war, luden die Bauersfrauen ihre landwirtschaftlichen Erzeugnisse in Weidenkörbe und trugen diese auf dem Kopf zum Markt.

Damit die Last nicht so hart auf den Kopf drücken konnte, flochten die Bauersfrauen einen Ring aus Bohnenkraut, den sie unter die Last als Polsterung legten. So entstand der sogenannte „Bohnenkrautkringel". Im

Lauf der Zeit wurde das Wort zu „Bohnegringel" verschliffen und wurde gleichzeitig zum Namensgeber für die Ettlingenweierer Bevölkerung.

Die andere Variante ist geographischer Herkunft und bezieht sich auf die Lage Ettlingenweiers am Rande der Rheinebene. Durch die sanft ansteigenden Vorberghügel des Nördlichen Schwarzwald schlängeln sich die Wege und Straßen von Ettlingenweier wie die Bohnenkringel, die so dem Ort nach der zweiten Entstehungsvariante zu seinem Übernamen verholfen haben sollen.

Ettlingen-Oberweier "Lattestriezer" / "Narren"

Der Ortsname von Oberweier zeugt durch seine Endung - weier von einer Gründung in Abhängigkeit zu einem anderen, älteren Ort, von wo aus Oberweier besiedelt worden sein muß.

Die direkte Nachbarschaft zu Ettlingenweier und Ettlingen läßt darauf schließen, daß Ettlingen wohl der Ausgangsort war, sodann später Ettlingenweier (zeitweilig als "Underwyer" bezeichnet) gegründet wurde, und dann erst der obere Weier, das heutige Oberweier, angelegt wurde. Um 1115 wird Oberweier erstmals als "Babinwilare" erwähnt, später dann wird der Ort "obernwilre" genannt, ehe er zu seinem heutigen Ortsnamen kam.

Über die Herkunft und Bedeutung beider Übernamen war bereits 1957 bei Nachforschungen unter älteren Oberweirer Bürgern leider nichts mehr zu erfahren. Es findet sich in älteren Quellen selten auch noch die Bezeichnung "Kästenigel" für die Oberweierer, was auf die zahlreich vorhandenen Kastanienbäume (im Dialekt Käschde) zurück zu führen ist.

Ettlingen-Schluttenbach "Lochtauben" / "Sensenbacher"

Der Ortsname Schluttenbach weist durch seine Endung -bach auf eine Gründung als Siedlung hin, die erst in der Rodungszeit im Mittelalter entstanden ist. Dies geschah vermutlich als Tochtersiedlung von Schöllbronn. Der Ortsname bezeichnet die Lage an einem Bach. Seine ausgiebige, in erster Linie von einem Lindenbrunnen gespeiste Wasserführung war für die Viehzucht von entscheidender Wichtigkeit.

Nun hat dieser Bach in seinem Oberlauf bis hin zu den Lochwiesen ein geringes Gefälle. Das führt noch heute trotz guter Drainage nach starken Regenfällen zur Versumpfung des Talgrundes. In früheren Zeiten war aber dieser Wasserstau noch erheblich stärker und reichte bis an den Lindenbrunnen zurück. Solche feuchten Stellen nannte man eine "Schlutt", und den Bach, der sie durchlief, den Schluttenbach. So fällt es leicht, den Ortsnamen zu erklären, der erstmalig als "Sluttenbach" in den Dokumenten erscheint.

Der ältere der zwei Schluttenbacher Übernamen ist der Name "Lochtauben", der wohl von der Lage Schluttenbachs in der tief geschnittenen Talmulde herstammt. Am frühesten dürfte der Name wohl von den Schöllbronnern verwendet worden sein, die ja ins "Loch" hinunter gehen mußten, wollten sie nach Schluttenbach.
Der Übername "Sensenbacher" stammt aus dem Jahre 1956 und zeugt von den ungenügenden Lateinkenntnissen des Schluttenbacher Messners Alois. Als der Dorfpfarrer anläßlich der Grundsteinlegung zur neuen Muttergotteskirche in der Vorbesprechung zu einer Prozession "incens" (lat. Weihrauch) für den Umzug verlangte, prozessierte der Messner sehr zur Verwunderung aller, die den Wegesrand säumten, kurz darauf im Zug stolz mit einer Sense in der Hand. Noch am selben Nachmittag machte der neue Übername seine Runde und blieb den Schluttenbachern bis heute erhalten.

Ettlingen-Schöllbronn "Meckel"

In einem sehr heißen Sommer gab es einst in dem Dorfe, das früher nur aus etlichen Gehöften bestand, fast kein Wasser mehr. Nur ein einziger tiefer Ziehbrunnen spendete noch gutes Trinkwasser. Damit nun jeder Ortsbewohner seinen rechten Wasseranteil bekäme, ließ der Bürgermeister den Brunnen verschließen und eine Schelle anbringen.
Mehrmals täglich verkündete diese Schelle den Leuten, daß der Brunnen zum Wasser holen geöffnet worden war. Wenn sie dann ihren Ruf erschallen ließ, eilten sogleich die Dorfbewohner herbei, um sich ihren Wasseranteil zu sichern. nach diesem Schellbrunnen nannte man den Ort bald "Schellbrunnen", woraus im Laufe der Zeit Schöllbronn geworden ist.

Möglich ist auch, daß aufgrund der Wasserknappheit die Bewohner oft um das Wasser stritten und Schöllbronn über das althochdeutsche Wort: skeltan (schelten, schmähen, streiten) seinen Ortsnamen bekam. Eine weitere Variante ist die Entwicklung des Ortsnamens aus dem Geräusch, das die Ketten und Eimer beim Wasser holen machten. Zu guter letzt erscheint auch die Herleitung über das althochdeutsche Wort "schalten" (Wasser aufstauen) möglich.

Um das Jahr 1900 herum wurde versucht, über Personennamen den Ortsnamen abzuleiten: "Brunnen des Skelto", auch die Abstammung vom althochdeutschen "scalt" wurde damals diskutiert, was "heilig" bedeutet.

Die Entstehung des Übernamens ist ebenfalls nicht eindeutig geklärt, es gibt mehrere Varianten, wobei die der "Kuhmockele" die am wahrscheinlichsten ist. Damit werden kleine oder junge Kühe bezeichnet, die auch heute noch auf den Weiden um Schöllbronn zahlreich zu finden sind.

So zeigten die Fastnachtsgesellschaften manches mal einen Kuhkopf, um die Schöllbronner zu kennzeichnen.

Im Laufe der Zeit kamen die Schöllbronner so dazu, ein Mockel (Plural: Meckel) zu werden.

In alten Aufzeichnungen werden die Schöllbronner auch als Waldapostel bezeichnet, der Ursprung dieser Bezeichnung läßt sich nicht mehr genau erkunden. Er liegt eventuell begründet in Schöllbronn als Ausgangsort für die Christianisierung der Wälder um Ettlingen in früheren Zeiten.

Ettlingen-Spessart "Eber"

Spessart ist dem Sinne nach mit Spechtswald zu übersetzen. Die früheste Schreibweise "universitas oppidi in Spehtezahrd" läßt die Vermutung zu, daß sich die ersten Siedler in einem Waldgebiet niedergelassen haben, das offensichtlich von auffallend vielen Spechten bevölkert war. Über "villa Spetezhart" und "Speßhart" entwickelte sich der Ortsname im Laufe der Jahrhunderte hin zum heutigen Spessart.

Lange Zeit gehörte der Ort zum Kloster Frauenalb. Alte Ausstellungstücke in der neuen Kirche von Spessart zeugen noch heute von dieser

Vergangenheit. Sie enthält unter anderem einen beachtenswerten Altar mit Teilen aus dem 15. und 16. Jahrhundert.

Auch der Übername "Eber" hat vielleicht mit der Kirche zu tun. Zum einen wird der heilige Antonius, der Kirchenpatron der Spessarter, stets in Begleitung eines Ebers abgebildet ist, so auch auf der Spessarter Kirchenfahne.
Zum anderen soll der Spitzname in Verbindung mit dem Waldstreit zwischen der Gemeinde Spessart und der Stadt Ettlingen stehen. "Die Eber kommen" hätten die Ettlinger gerufen, wenn die Spessarter wieder einmal ihre Schweine über die Grenzen des ihnen zugewiesenen Waldabschnitt getrieben hatten.

Rheinstetten

Rheinstetten-Forchheim   "Grießbäuch"

Im Gegensatz zu den Fischer- und Schifferdörfern Daxlanden und Neuburg war Forchheim eine Bauerngemeinde. Der Name Forchheim setzt sich aus den alt- und mittelhochdeutschen Worten "foraha", was den Baum Föhre bezeichnet sowie dem Wort "haims", was soviel wie Haus, Gehöft bedeutet. Auch möglich erscheint die Herleitung von dem Wort "Forche" für (Grenz-) Furche, da Forchheim Teil des fränkischen Grenzraums des Ufgaus gegen die Alemannen war.
Den 30-jährigen Krieg hatten nur elf Familien überlebt, und bis 1701 war der Bevölkerung erst auf 16 Familien angewachsen.
Die ausführliche Ortsbeschreibung von 1764 verzeichnet bereits die ersten Handwerker.

Der Forchheimer Übername "Grießer" wird sprachlich naheliegend als Grießesser erklärt. Es sei hier früher viel Welschkorn (Mais) angebaut worden, das von den Forchheimern besonders gerne gegessen worden wäre. Nun ist jedoch der Anbau von Welschkorn für Forchheim nicht so charakteristisch, daß er für einen Übernahmen hätte dienen können.

Richtige Grießer, die ihrem Übernamen sogar einen Dorfbrunnen gewidmet haben, sind die Neureuter "Spuntefresser". Nach Kenntnis der Ortsgeschichte ergibt sich vielmehr folgende Erklärung des Forchheimer Übernamens:

"Grießer" oder "Grützer" war der Name der Handwerksburschen. Sie wurden so genannt, weil sie ihre eigenen Grußformen hatten und sich auf Wanderschaft durch ihren Gruß als Angehörige einer Zunft ausweisen mußten. Nach dieser Erklärung wären die "Grießer" von Forchheim keine Griesesser, sondern Handwerksburschen. Den Beweis für diese Behauptung liefert die besondere Entwicklung und Struktur der Forchheimer Bevölkerung bis heute.

Rheinstetten-Mörsch   "Ofenröhrle"

Als vor tausend Jahren in deutschen Landen Kaiser Otto der Große herrschte, gehörte zu seinem Besitz auch das Dorf Mersge. Der Name "Mersge" scheint auf das keltische Wort "mariacum" hinzuweisen und bedeutet soviel wie Moor, Sumpf. Der Kaiser war ein frommer Mann, weshalb er sein Dorf Mersge dem Bischof von Speyer schenkte. Im Jahre 940 wurde die Schenkung vollzogen. Der kaiserliche Schenkungsbrief wird heute noch in Karlsruhe aufbewahrt. Somit ist das Dorf schon über tausend Jahre alt.

Es heißt heute nicht mehr Mersge, sondern wird Mörsch genannt. Das Dorf hat viele schwere Zeiten erlebt. Im Dreißigjährigen Krieg wäre der Ort beinahe verschwunden, so sehr war er von den Schrecken des Krieges heimgesucht worden. Auch der Rheinstrom, der nahe am Dorfrand vorüber floß, hat den Mörschern viel Schaden angerichtet.

Der Übername "Ofenrohrkanoniere", oder heute "Oferöhrle", läßt sich auf das Jahr 1738 zurückführen. Wegen 900 Klafter Holz, welche die Neuburger im Salmengrund des heutigen Bellenkopfes geschlagen hatten, wäre es beinahe zu einem Lokalkrieg gekommen, hätten nicht die badische Regierung in Rastatt und der Vater Rhein eingegriffen.

In jenem Frühjahr wären vom Rhein die 900 Klafter Holz weggeschwemmt worden, hätte man sich nicht schnell geeinigt, das Streitobjekt je zur Hälfte zwischen Mörsch und Neuburg zu teilen. Durch die bei den

68

Streitigkeiten verwendeten improvisierten Waffen bekamen die Mörscher so ihren Necknamen ab.

Rheinstetten-Neuburgweier   "Woogletsche" / "Gaiße"

Neuburgweier liegt am Rhein und am, weitaus unbekannteren, Federbach. Wie erster dem Ort zu seinem Ortsnamen verhalf, so gereichte der letztere dem Ort zu seinem Übernamen.

In früheren Zeiten heiß der kleine Ort nur Weiler oder Weier. Er entstand durch eine kleine Ansiedlung auf einer der vielen kleinen Inseln im Rhein, als sich der Hauptarm desselben noch weiter östlich hinzog. Damals lag dieser Ort also linksrheinisch und gehörte zur Stadt Neuenburg.

Vor vielen hundert Jahren hat sich der Rhein zwischen den beiden Orten einen neuen Lauf geschaffen und die Ortschaften wurden so voneinander getrennt. Der kleine Weiler hieß fortan Neuburgweier.

Der Federbach wird in Neuburgweier nur "Woog" (altdeutsch: Wasser, Bach) genannt. Wie viele Bäche in der Umgebung war auch der Woog von vielerlei großen, welken Bachpflanzen bewachsen.

Diese wiederum werden aufgrund ihrer welken, weichen Konsistenz "Latsche" (vgl. Durlach: Lätschebacher) genannt. So kam es, daß die Neuburgweirer von ihren Nachbarn mit dem Necknamen "Woogletsche" bedacht wurden.

Einen weiteren Übernamen verdienten sich die Neuburgweirer Bewohner in den 20er Jahren hinzu: In Zeiten, in denen jede Gemeinde noch einen Gemeindestall mit Decktieren der für die Landwirtschaft wichtigsten Arten hatte, war der Neuburgweirer Geißbock in die Jahre gekommen und nicht mehr in der Lage, seinen Pflichten in ausreichender Weise nachzukommen.

Deshalb kam das Thema bei der nächsten Gemeinderatssitzung auf die Tagesordnung und es wurde beschlossen, den alten Geißbock durch einen Jungen zu ersetzen. Da Geld knapp war in den schweren Zeiten zwischen den Weltkriegen beschloß man, erst den alten Bock zu verkaufen, um sich dann nach einem Neuen umzusehen.

Das Daxlandener Original Hans Hafner erklärte sich bereit, den alten Bock in Zahlung zu nehmen und nach einem Neuen zu suchen. Er holte wie versprochen den alten Geißbock ab und präsentierte 2 Tage später den neuen Bock vor dem Rathaus. Der Aufpreis war gering, so daß alle Neuburgweirer begeistert ihren neuen Geißbock in Augenschein nahmen.

Als dieser nach einer Stunde Begrüßung vor dem Rathaus in den Gemeindestall geführt wurde und sofort an den Stammplatz seines Vorgängers lief, kamen den Gemeinderäten erste Zweifel an ihrem Geschäft. Nach eingehender Befragung des Vermittlers gestand dieser dann die ganze Wahrheit: Er hatte den alten Geißbock abgeholt, geschoren, gebadet und gekämmt, und danach den selben Geißbock an die Neuburgweirer mit einem Aufpreis zurück verkauft. So kamen die Neuburgweirer zu ihrem bekannteren, zweiten Übernamen "Gaiße".

Nachwort:

I hoff, daß der Rundgang durch Därfer und Schdadd
e gloi bissle gfalle un uffgeglärd had.
Jetzt g'herd Ihr a - goddseidank - nemme zu denne,
die wo ihre Umweld un Nochbar ned kenne.
Genießd Eier Karlsruh', denn do laßt sich's eewe
hald luschdich un schee un so sau-gmiedlich lewe......

Charlotte Eggarter, 1984

Quellen- und Literaturverzeichnis

Badische Heimat, Heft 2/92

Festschrift 700 Jahre Spielberg 1981

Chronik Langensteinbach, Schneider-Strittmatter, 1970

Geschichte von Forchheim, H.Ell, Rheinstetten 1978

Gemeinde Mörsch, 1000 Jahre Mörsch, Mörsch 1950

Geschichte von Schluttenbach, Rüdiger Stenzel, Karlsruhe 1996

Sagen und Geschichten aus Ettlingen und dem Albgau, L. Bopp, o.J.

Geschichte des Dorfes Schöllbronn, John / Schadt, Ettlingen, o.J.

Oberweier, Dorothee Le Maire, Ettlingen 1998

Geschichte des Dorfes Spessart, Ingeborg Wittmer, Ettlingen 1993

Ettlingen, Wolfgang Lorch, Ettlingen 1980

Heimatkundliche Beiträge, E. Spitz, Ettlingen, 1930

Die Ortsnamen, Prof. O. Heilig, Karlsruhe, 1894

"Letschebacher, Rahmdieb und Nachtwächter", Charlotte Eggarter, Karlsruhe, 1984

Die Alb, Kirchenbauer und Warda, Karlsruhe 1998

Stadtgeschichte Karlsruhe, Stadtarchiv Karlsruhe, 1998

Daxlandener Bildband, Degen, Sormani & Heiberger, Karlsruhe, 1985

Ortschronik Mutschelbach, o.V., Karlsbad, o.J.

Geschichte von Neureut, Hermann Ehmer, Karlsruhe 1983

100 Jahre Südstadt, Bürgergesellschaft d. S., Karlsruhe 1988

1050 Jahre Forchheim, o.V., Forchheim 1951

Badische Neueste Nachrichten, diverse Ausgaben

Jubiläumsschrift 650 Jahre Kleinsteinbach 1978

Vergangenheit und Zeitgeschehen Blankenloch, Büchig und Schloß Stutensee, Heinz Bender

Friedrichstal, Geschichte einer Hugenottengemeinde, Oskar Hornung

Das Hardtdorf Spöck, Artur Hauer

Staffort, Schloß und Dorf an der steten Furt, Wilhelm Hauk

Wappenbuch des Landkreises Karlsruhe, Herwig John

Informationsbroschüre der Gemeinde Stutensee von 1991

Baden-Württembergische Gemeindezeitung 15 / 99

Das Ortsbuch von Berghausen 771-1971

**Mein besonderer Dank gilt folgenden Personen, ohne deren Mithilfe
dieses Buch nicht hätte entstehen können:**

Frau Hildegard Ried, Karlsbad-Langensteinbach
Herrn Ortsvorsteher R. Haas, Karlsbad-Spielberg
Herrn Volker Rupp, Karlsbad-Langensteinbach
Herrn Dirschka, Gemeindearchivar Eggenstein-Leopoldshafen
Herrn René Löffler Gemeindehistoriker Waldbronn, Waldkirch
Frau Annelie Lauber, Stadtarchivarin der Stadt Rheinstetten
Herrn Pius Schwarz, Heimatverein, Neuburgweier
Herrn Ortsvorsteher Haas, Ettlingen-Bruchhausen
Frau Dorothee Le Maire, Stadtarchivarin Ettlingen
Frau E. Göhringer, Ortsverwaltung Ettlingenweier
Herrn Jens Depenau für Satz und Gestaltung, Furtwangen
Frau Tatjana Golembiewski, Karlsruhe
Familie Holger & Karin Golembiewski, Karlsruhe
Herrn Russel, Hauptamt, Bürgermeisteramt Weingarten
Frau Schmalholz, Direktion Stadtarchiv, Karlsruhe
Herrn Richard Haller, Bürgerverein Bulach, Karlsruhe
Herrn Gottfried Ganz, Bürgerverein Daxlanden, Karlsruhe
Herrn Spelter, Stadtamt Durlach, Karlsruhe
Herrn R. Frank, Ortsvorsteher Wettersbach, Karlsruhe
Herrn Gerhard Vogt, GV Eintracht Grötzingen, Karlsruhe
Frau B. Schaier, Bürgermeisteramt Pfinztal
Frau Heefmann, Ortsverwaltung Hohenwettersbach, Karlsruhe
Herrn Dr. Martin Ehinger, Förderverein Knielinger Museum e.V., Ka
Herrn Stober, Ortsverwaltung Neureut, Karlsruhe
Frau Annemarie Gietz, Hotel-Restaurant Erbprinz, Ettlingen
Herrn Vogel, Vogel Autositze, Stupferich, Karlsruhe
Herrn Dr. Keßler, Bürgerverein Weststadt, Karlsruhe
Herrn Reiner Huber, Ratsschreiber Wolfartsweier, Karlsruhe
Frau Zingler, Herr Jung, Landratsamt Karlsruhe
Herrn Breitkopf, Generallandesarchiv Karlsruhe
Frau Ilse Suhr, Frau Magdalene Depenau, Karlsbad
Herrn Zawichowski, Hauptamt, Gemeinde Stutensee
Familie Gutgesell, Pfinztal-Wöschbach
Herrn Hans und Herrn R. Weiß, Gemeinde Pfinztal